W0021572

DIE GESCHICHTE DER

TEDDY BÄREN

DIE GESCHICHTE DER TEDDY BÄREN

Maureen Stanford
und Amanda O'Neill

KARL MÜLLER VERLAG

Titel der Originalausgabe: The Teddybear Book
Übersetzung: Eckehard Junge
Lektorat: Dieter Krumbach

3 4 5 99 98 97

Beratung: Hamish MacGillivray
Redaktionsleitung: Jo Finnis
Redaktion: Adèle Hayward
Fotograf: Neil Sutherland
Fotografischer Assistent: Nigel Duffield
Design: Phil Clucas
Illustration: Kevin Jones Associates
Schriftsatz: Mary Wray
Herstellung: Ruth Arthur, Sally Connolly, Neil Randles, Karen Staff, Jonathan Tickner
Herstellungsleitung: Gerald Hughes

Die Teddybären, Schnittmuster und Anleitungen in dem Abschnitt „Teddybären zum Selbermachen“ auf den Seiten 140–153 sind ein Beitrag von Mary Holden, „Only Natural“, Tunbridge Wells, Kent.

INHALT

Die Bären gehen auf große Fahrt! Onkel Brummbär und Klein-Wuschel stellen ihre Ausrüstung zusammen. Anschließend muß Brummbär den Stammbaum studieren, um festzustellen, in welcher Reihenfolge sie die weit verstreuten Verwandten am besten besuchen können. Wuschels Ausweichmanöver, mit dem er seinen Lektionen entgehen wollte, war wohl ganz erfolgreich: Geht es nach Onkel Brummi, wird aus dem Kleinen nach dieser „Studienreise“ ein sagenhaft kluger Bär. Vielleicht qualifizieren ihn seine Reiseerlebnisse gar für eine Laufbahn als Bärenreporter!

Brummi ist für seine Aufgabe als Führer durchs Bärenland gut gerüstet. Er gibt zwar nicht damit an, aber einst hat er an der Heidelbär-Universität in Teddiologie promoviert.

AUF INS BÄRENLAND

Mit Brummi durchs Bärenland

Es ist strahlend schönes Wetter; an so einem Tag hat ein junger Bär wahrlich anderes vor, als in der Stube zu hocken und zu lernen. „Geschichte ist doch entbärlich", murmelt Wuschel als Onkel Brummbär ihm vom großen Seefahrer Christoph Kolumbär erzählt. „Onkel Brummi" ist ein sehr belesener Bär – schrecklich belesen, findet Wuschel – und läßt andere leidenschaftlich gern an seinem Wissen teilhaben. Wie kann man diesen Lehrmeister wohl ablenken? „Ich hab' eine Idee!" ruft Wuschel plötzlich. „Gehen wir doch auf große Fahrt durchs Bärenland, Onkel Brummi! Wir besuchen all unsere Verwandten und können dabei gleichzeitig Geschichte, Geographie, Ahnenforschung und Bärenkunde betreiben!" Onkel Brummi runzelt die Stirn; er wittert Unsinn. Wuschel aber fleht, schmeichelt und bettelt, bis Brummi sich schließlich umstimmen läßt. Sei's drum, denkt er, der Junge wird sicher etwas davon haben, wenn er seine Vorfahren, die großen Gestalten der Teddy-Geschichte und auch die Aufsteiger von heute kennenlernt. Im übrigen könnte ein Abstecher in eine Teddy-Klinik, vielleicht sogar die Beobachtung einer Operation den Neffen über das Innenleben eines Bären aufklären – wenngleich Brummi bei dem Gedanken selbst ein wenig übel wird. „Also gut", verkündet er, „dann woll'n wir mal!"

„Ich bin eingepackt, Onkel Brummi" ruft Wuschel. „Du alter Gaukler!" schimpft Brummi. „Ich brauche doch keinen Taschenbären!" Aber Wuschel scherzt ja nur. Endlich ist alles bereit. Wuschel schleudert vor Freude den Hut in die Luft. Munter marschieren sie los.

Auf nach Norden!

Wir haben gerade die Bäringstraße durchquert.
Aber die Eisbären lassen wir links liegen – es ist bärenkalt!

Familie Bruin
Steiffstraße 7
Knickerbockerstadt
Bäreninsel

DIE TEDDYBÄR-STORY

Die Urahnen des Teddybären

„Sitzt du bequem?“ fragt Brummi. – „Mir zittern vor Spannung die Ohren!“ – „Dann will ich den Bären mal von vorn aufbinden“, sagt Brummi. „Bären haben den Menschen von alters her fasziniert; vielleicht wegen ihres aufrechten Gangs oder weil sie manchmal an Menschen erinnern, vor allem wenn sie den Clown spielen oder einen Wutanfall kriegen.“ – „Wutanfälle habe ich nie“, murrt Wuschel. Onkel Brummi hat da seine Zweifel. „Jedenfalls sahen viele alte Völker in Bären und Menschen eine Verwandtschaft“, fährt er fort. „Die Indianer verehrten den Bären als einen Vorfahren, während europäische Sagen vom Bärensohn berichten, der halb Mensch, halb Bär war und übernatürliche Kräfte besaß.“

OBEN LINKS: Der Bär (hier als Schnitzerei an einer Pfeife) war bei den Indianern ein religiöses Motiv, das oft auch in Maskenzeichnungen oder an Totempfählen erscheint.

OBEN RECHTS: Zieht man diesen Bären vorwärts, bringen Gewichte an seinen Füßen ihn zum Tanzen. Lange vor der Zeit des Teddybären waren naturgetreu geformte Bären, oft auf Rädern angebracht, beliebte Spielzeuge.

Die Anfänge in Amerika

„Die Entstehung des Teddybären ist untrennbar mit Präsident Roosevelts Jagdausflug im November 1902 verknüpft.“ – „Trug er nicht den Spitznamen ‚Teddy‘, weil er Theodore hieß?“ wirft Wuschel ein. – „Genau“, bestätigt Brummi. „Er besuchte den Bundesstaat Mississippi, um eine Grenzstreitigkeit zwischen Mississippi und Louisiana beizulegen. Er unternahm auch einen Jagdausflug, schonte jedoch einen jungen Schwarzbären. Clifford Berryman, Karikaturist beim *Washington Star*, sah in dem Vorfall ein Gleichnis für die politische Mission des Präsidenten. Selten hatte eine Karikatur so weitreichende Folgen! Der Teddy wurde zum politischen Symbol – und die Spielzeugfabrikanten witterten ein gutes Geschäft. Als erster soll der russische Einwanderer Morris Michtom einen von seiner Frau entworfenen Spielzeugbären auf den Markt gebracht haben. Der Überlieferung nach erhielt er vom Präsidenten die Genehmigung, den Namen ‚Teddy's bears‘ zu gebrauchen.“

RECHTS: Berrymans niedlicher, löffelohriger Bär, der keineswegs naturgetreu gezeichnet ist, regte die Spielzeughersteller an, ihre Bären in Teddys umzuwandeln.

LINKS: Ein angeblicher Originalbär der von Morris Michtom gegründeten Ideal and Novelty Toy Company (heute im Smithsonian Institute, Washington).

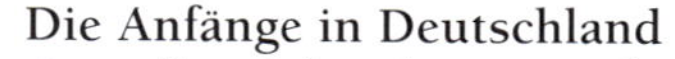

DIE TEDDYBÄR-STORY

Die Anfänge in Deutschland
„Im selben Jahr, als Roosevelt seinen Bären nicht schoß, erfand Richard Steiff in Deutschland eine Bären-Gelenkpuppe. Die deutschen Spielzeughersteller hatten schon seit langer Zeit naturalistische Spielzeugbären produziert, und die von Richards Tante Margarete gegründete Firma Steiff hatte mit Erfolg Bären auf Rädern vermarktet. Richards Kreation wurde im Februar 1903 nach New York exportiert, sprach aber das Publikum nicht an." – „Man hielt sie wohl für entbärlich", wirft Wuschel ein. – „Aber schon einen Monat später", fährt Brummi unbeirrt fort, „war das Steiff-Bärle auf der Leipziger Frühjahrsmesse von 1903 ein Knüller. Amerikanische Großhändler, angespornt durch die Beliebtheit des Roosevelt-Maskottchens, bestellten eine bedeutende Partie, und von da an herrschte eine so intensive Nachfrage, daß die Firma Steiff die nächsten fünf Jahre die *Bärenjahre* nennt. Bärenhistoriker streiten sich noch heute, ob die ersten Teddys das rein amerikanische Produkt Morris Michtoms oder deutsche Steiff-Importe waren. Bald gab es sie nämlich überall!"

OBEN, LINKS AUSSEN: Margarete Steiff war ursprünglich Schneiderin und wandte sich erst später den Stofftieren zu. Das erste Spielzeug, das sie herstellte, war ein Elefanten-Nadelkissen!

DANEBEN: Ihr Neffe Richard Steiff trat 1879 in die Firma ein.

LINKS AUSSEN: Ein äußerst seltener Steiff-Bär aus weißem Baumwollplüsch

LINKS: Die deutschen Betriebe konnten bald mit der Nachfrage kaum Schritt halten. Steiff allein produzierte 1908 eine Million Bären.

Präsident Roosevelt: Vater des Teddybären
„Theodore Roosevelt betätigte sich gern im Freien und war Großwildjäger – daher seine Bärenjagd von 1902. Er war auch Naturschützer und richtete den ersten amerikanischen Nationalpark ein", erzählt Brummi. – „Hielt er sich Haustiere?" fragt Wuschel. – „Aber ja! Mehr als jeder andere US-Präsident! Seinen Namen hat er vor allem durch die von ihm befehligte freiwillige Kavallerietruppe Roosevelt's Roughriders und durch die Teddybären verewigt. Er benutzte die Teddys als Wahlkampfmaskottchen. Seine Tochter erzählte aber, daß er sie eigentlich nicht mochte." – „Kaum zu glauben, daß Teddy keine Teddys mochte!" ruft Wuschel.

RECHTS: Roosevelt in Roughrider-Uniform – ebenso ein Bärchen, das 1905 beim Ball zu Roosevelts zweitem Amtsantritt als Tischgeschenk gedient haben soll. Roosevelt machte sich das beliebte Maskottchen rasch zunutze. Es erschien auf Wahlplaketten und allerlei anderen Artikeln, z. B. auf dieser alten Spielzeugtrommel, die den Präsidenten, den Weg weisend, auf dem Rücken eines Bären zeigt.

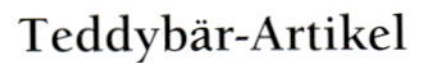

Teddybär-Artikel

„Seit seiner anfänglichen Rolle als politisches Maskottchen zog der Bär in alle Lebensbereiche ein. Das Bärenmotiv erschien auf Kinderkleidung, Bettzeug, Möbeln, Kindergeschirr und Bestecken", erzählt Brummi. „Ganz zu schweigen von Beißringen, Wärmflaschenbezügen und natürlich Bilderbüchern. Die Teddy-Invasion machte auch vor den Erwachsenen nicht halt. Die modische Dame der Vorkriegszeit benutzte eine silberne Teddy-Hutnadel, trug eine juwelenbesetzte Teddybrosche oder stopfte sich Parfümflaschen und Puderdosen in Teddyform in die Handtasche. In Puzzlespielen und Aschenbechern, auf Postkarten und Streichholzschachteln machte sich der allgegenwärtige Teddybär breit. Noch heute kommen neue Artikel hinzu."

OBEN LINKS: Rassel für ein Baby der Vorkriegszeit: ein Bär aus Sterlingsilber auf einem Perlmuttgriff. Oft trugen solche Rasseln kleine Glöckchen.

LINKS: Teddy-Tasse und -Untertasse mit Fußball und Golf spielenden Bären wurden in den 30er Jahren aus Deutschland nach England exportiert.

RECHTS: Zu den neueren Sammelobjekten zählen gegliederte, vergoldete Bärenbroschen, die mit unechten Zitrinen und unechten Smaragdaugen besetzt sind.

Teddys in der Werbung

„Bären waren schon immer ein beliebtes Symbol", erklärt Onkel Brummi. „Fallen dir ein paar Namen ein, die ‚Bär' bedeuten?" – „Wie wär's mit Bruno, Bernhard oder Björn", schlägt Wuschel vor. – „Genau, und ebenso Arthur und Ursula. Im Mittelalter sah man Bären auf Wappen und Wirtshausschildern. Ihre modernen Verwandten dienen als Mannschaftszeichen, wie etwa für das Football-Team von Chicago, das seit 1922 den Namen ‚The Bears' trägt. Man findet sie auch häufig als Warenzeichen. Von der Seife bis zum Kopfsalat – überall sind Bären abgebildet! Nach der Erfindung des Teddybären paßten Hersteller ihr Bärenemblem an die Gestalt des Teddys an. Auf der Höhe der Teddywelle machten die Bären für alles mögliche Reklame. Man konnte sie als Werbegeschenk gegen Packungsdeckel oder Etiketten einhandeln. Viele dieser Teddybären sind heute heiß begehrt – zum Beispiel Bären zum Ausschneiden und Selbernähen, die in den 20er Jahren für Strumpfwaren der ‚Bärenmarke' warben."

OBEN LINKS: Teddybären machten in der Reklamewelt Karriere! Der hier abgebildete Bär wurde an Leserinnen der amerikanischen Zeitschrift Woman's Home Journal *vergeben, die sechs neue Abonnenten warben.*

OBEN RECHTS: Der Bär selbst, dessen Existenz auf jene Zeitschriftenanzeige der 20er Jahre zurückgeht

LINKS: Der Teddy mit dem Zylinderhut verdrängte in den 30er Jahren seinen naturalistischen Vorgänger als Warenzeichen für die Strumpfwaren der „Bärenmarke".

Des Menschen bester Freund

„Die Teddys waren von Anfang an beliebt", erzählt Brummi. – „Kein Wunder", meint Wuschel, „wir sind ja auch prächtig!" – „Die Menschen geben dir jedenfalls recht. Der Bär ist bei Kindern wie auch Erwachsenen das beliebteste, langlebigste und gesellschaftlich anerkannteste Spielzeug aller Zeiten. Kein anderes Spielzeug hat so häufig eine eigene Geschichte und Persönlichkeit. Erwachsene, die ‚den Kinderkram beiseite gelegt haben', heben ihren Teddy oft trotzdem bis ins hohe Alter auf. Der Zauber des Teddybärs ist schwer zu erklären. Als Spielzeug vereinigt er die Vorzüge der Puppe und des Stofftiers, spricht Jungen und Mädchen gleichermaßen an, aber sicher gehört noch mehr dazu. Als Sammelobjekt zeichnet er sich vor allem durch hohe Individualität aus. Alle Teddys weisen ähnliche Grundzüge auf, besitzen aber wie Menschen einen ausgeprägten Charakter. Das ist noch nicht alles. Teddybären verkörpern Sicherheit, Trost und Freundschaft." – „Von seinem Teddy kann man sich nicht trennen", bestätigt Wuschel.

RECHTS OBEN UND AUSSEN: Der Bär darf auf keinem Familienfoto fehlen und ist mit unserem Bild von der Kindheit untrennbar verknüpft.

RECHTS: Peter Bull war der erste berühmte Bärensammler. Seither wurden für Bärenliebhaber Teddybär-Tagungen, Teddybär-Picknicks und Teddy-Museen ins Leben gerufen.

OBEN: „Peter" auf der Schachtel und „Happy" (hier mit ihrer Eigentümerin Rosemary Volpp) sind wertvolle Oldtimer. „Peter" (1925) ist ein seltenes Exemplar. Nur wenige solche Bären wurden verkauft; Sammler waren entzückt, als eine unverkaufte Partie entdeckt wurde. „Happy ist aber hübsch", stottert Wuschel errötend. – „Das meinten die Besitzer auch", erzählt Brummi. „Schönheit und Seltenheitswert machten sie zum teuersten Bären der Welt. Sammler schätzen aber auch moderne Teddys, wie etwa den Mini-Steiff, der sich an Peters Schachtel lehnt."

Der Teddybär-Sammler

„Das Sammeln von Teddybären – auch ‚Arktophilie' genannt – begann in den 70er Jahren, als alte Bären zu antiquarischem Wert gelangten. Die ersten Bären sind seither ungeheuer im Preis gestiegen. 1989 zahlten die Sammler Rosemary und Paul Volpp für einen frühen Steiff-Bären namens ‚Happy' die Rekordsumme von £ 55 000. Aber nur wenige Sammler sehen in den Bären eigentlich ein Investitionsobjekt. 1969 gewann das Bärensammeln durch den Schauspieler Peter Bull, der 250 Bären besaß, sehr an Prestige. Bull recherchierte die Rolle des Teddybären im menschlichen Leben und schrieb das *Teddy Bear Book*." – „Andere Leute gaben dann wohl auch zu, daß sie Teddys sammelten", vermutet Wuschel. – „So war es. Das Hobby breitete sich aus. Bärensammler aus aller Welt tauschen heute auf Bärentagungen ihre Erfahrungen aus, abonnieren Fachzeitschriften, nehmen weite Reisen auf sich, um Teddybär-Museen in Florida, Queensland oder Stratford-upon-Avon zu besuchen, und feiern am 27. Oktober, dem Geburtstag Präsident Roosevelts, den ‚Good Bear Day'."

BÄREN-ANATOMIE

Wie ein Bär entsteht
„Um in die Bärengeschichte einzusteigen", hebt Brummi an, „müssen wir dich wohl oder übel aufklären." – „Ach so, du meinst, wo die Bären herkommen und wie man sie macht?" fragt Wuschel. „Die Geheimnisse einer Werkstatt?" – „Ganz genau. Wir sollten also kurz auf Werkstätten, Stoffe, Füllungen, Quieker und andere Einzelheiten eingehen."

LINKS: „Hier sehen wir Arbeiter in der deutschen Werkstatt der Gebrüder Hermann 1955 beim Ausstopfen von Bären." – „Werden die Bären immer noch in Handarbeit gefertigt?" fragt Wuschel. – „Aber sicher! In der Herstellung von Qualitätsbären hat sich seit Anfang des Jahrhunderts wenig verändert. Nur das Zuschneiden und Ausstopfen wurden mechanisiert. Als künstlerische Erzeugnisse und in begrenzter Auflage werden Bären freilich ganz von Hand gefertigt, aber die Massenproduktion ist auf billigere Verfahren angewiesen."

STOFFE: Bären sind aus jedem geeigneten Material hergestellt worden. Der klassische Bezug, der bei den ersten Bären Verwendung fand, ist Mohair-Plüsch (aus der Wolle der Angoraziege), der von realistischer Struktur und gegen Schmutz sehr unempfindlich ist. Im Lauf der Zeit experimentierten die Hersteller mit billigerem Material, wie etwa Baumwollplüsch. In den Kriegsjahren benutzte man sogar einen aus Nesseln gewebten Ersatzstoff! Größeren Erfolg hatten Kunstfasern, vor allem das in den 30er Jahren erfundene Nylon, das waschecht war und sich nach Belieben färben ließ.

LINKS: „Kaum zu glauben", meint Wuschel, „daß diese Bären nach ein und demselben Muster gefertigt sind. Der unterschiedliche Bezug scheint jede Verwandtschaft auszuschließen!"

BÄREN-ANATOMIE

LINKS: Naturfasern (von links nach rechts): Faden-Mohair, deutscher Zotty-Flor, fedriger weißer Mohair, deutscher spitzenbehandelter Mohair, gelockter Mohair, glatter Mohair, Kurzflor-Mohair, auf antik getrimmter Mohair

RECHTS: Kunstfasern (von links nach rechts): Langflor-Kunstplüsch, gelockte Viskose, Kurzflor-Kunstplüsch, weißer Polyester

RECHTS UNTEN: Ähnliche Vielfalt bei den Pfotenballen (von links nach rechts): Lederimitat (Rexin), beiger und dunkelbrauner Filz, beiger und goldbrauner Veloursersatz, gelbes Velours und schwarzer Baumwollsamt

PFOTEN- UND FUSSBALLEN: Anfangs hatten die Bären meist aus Filz geschnittene Ballenstücke. Manchmal wurde Velours verwendet – für ein Plüschtier recht kostspielig. Als billiger Ersatz während des Kriegs diente das Lederimitat Rexin. Gelegentlich benutzte man echtes Leder oder auch Baumwollsamt. Spätere Ballen bestanden aus Plüsch, entweder als Teil der Glieder oder als andersfarbige Aufsatzstücke. Heute sind waschbare Kunststoffe üblich.

FÜLLUNG: Viele Jahre lang diente die ursprünglich verwendete Holzwolle als Füllmaterial. Nach dem 1. Weltkrieg erwies sich Kapok als erfolgreichste Alternative (ein watteartiges Material aus den Samenfasern des Kapokbaumes). Im 2. Weltkrieg wurden die Bären mit Ersatzfüllungen wie etwa „Sub“ (Wollabfälle aus Baumwollspinnereien) oder gar mit zerschnittenen Strümpfen ausgestopft. In den 50er Jahren wollten die Leute waschbare Füllungen. Holzwolle war ungeeignet, und Schaumstoffetzen zerfielen gar in ein klebriges Pulver. Heute verwendet man sowohl herkömmliche als auch moderne Materialien, z. B. Polyesterwatte oder Kunststoffkörnchen.

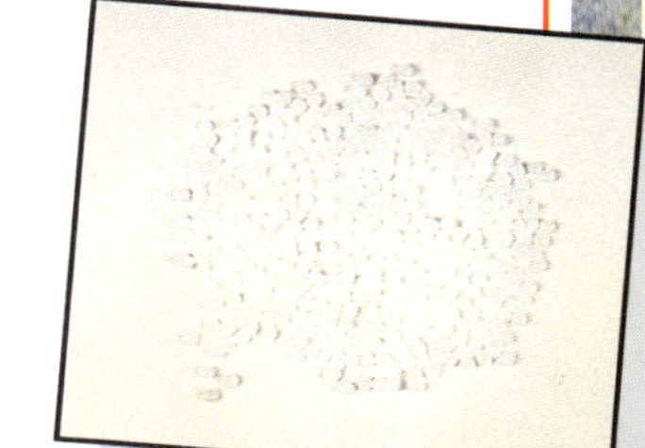

OBEN: Füllungen (im Uhrzeigersinn): synthetische Füllung, Baumwollabfall, Strümpfe, Baumwollabfall, Holzwolle, Polyesterwatte; (in der Mitte) Kapok

RECHTS AUSSEN: Kunststoffgranulat ist bei Künstlern ein beliebtes Füllmaterial für Teddybären.

RECHTS: Das Füllmaterial beeinflußt Aussehen und Eigenart des Bären. Man vergleiche den etwas starr wirkenden frühen Steiff-Bären (Holzwolle) mit dem weicheren, nahezu schlaffen Bären rechts daneben (Kunststoffgranulat, 1992).

BÄREN-ANATOMIE

GELENKE: Die ersten Bären konnten Kopf, Arme und Hüften recht frei bewegen. Das Gelenk setzte sich aus zwei Papp- oder Metallscheiben zusammen, verbunden durch einen Splint (gespaltenen Stift), der durch eine kleine metallene Unterlegscheibe gesichert wurde.
Man versuchte es anfangs auch mit Drahtgelenken, die aber nicht lange standhielten. Die Splinte wurden in den 40er Jahren durch Plastikstäbchen ersetzt, und anstelle der Pappgelenke verwendet man heute ebenfalls Kunststoff, wenngleich Künstler zum Teil noch Hartfaserplättchen benutzen. Manche Hersteller versuchten zu sparen, indem sie entweder nur den Kopf oder nur die Glieder mit Gelenken versahen.

LINKS, RECHTS UND OBEN: Die Hersteller suchten lange nach dem perfekten Gelenk: Gelenke aus Hartfaserplättchen und Splinte für Künstler-Bären (links). Moderne Kunststoffgelenke; (rechts oben, im Uhrzeigersinn) Gelenke aus Metall, Metall und Pappe, Hartfaserplatte (Mitte) und Kunststoff

BRUMMER: Die Vorrichtung für die erste Bärenstimme bestand aus einer simplen Rohrflöte in einem Säckchen aus Wachstuch. Druck oder Schlag auf den Bären erzeugte einen Luftstrom, der dem Rohrblatt ein eigentümliches Geräusch entlockte. Die an anderen Spielzeugen erprobten Quieker wurden zwar auch verwendet, aber die echte Teddystimme ist dem Kippbrummer zu verdanken, einer Pappröhre, die einen kleinen Blasebalg an einer Rohrflöte enthielt. Legte man den Bären hin, öffnete ein Bleigewicht den Blasebalg; stellte oder setzte man ihn wieder aufrecht, schloß sich der Blasebalg und produzierte ein viel langsameres, naturgetreues Geräusch. Das Prinzip dieses Brummers findet noch heute Verwendung.

UNTEN: Eine Reihe Brummer und Quieker veranschaulichen die Geschichte der Bärenstimme. Wir sehen hier (v. l. n. r.) den Schlagbrummer, Kippbrummer vom Anfang des Jahrhunderts, aus den 30er (Porzellan), 60er und 90er Jahren sowie zwei Varianten des modernen Kunststoffquiekers.

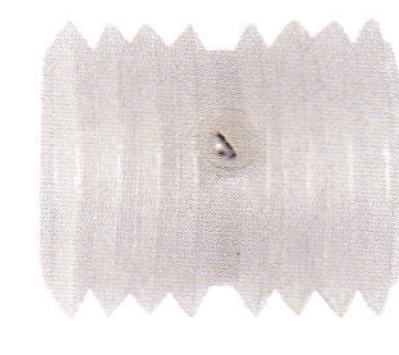

AUGEN: Die ersten Teddybären hatten hölzerne Schuhknopf-Augen. Für einen Damenstiefel brauchte man um 1900 oft zwölf bis fünfzehn Knöpfe, daher war dies ein gebräuchlicher Artikel. Für größere Bären wurden große Knöpfe speziell gefertigt. Glasaugen waren erhältlich, aber für Teddybären vor 1910 nicht in Gebrauch; erst nach dem 1. Weltkrieg wurden sie allgemein eingeführt.

LINKS: Verschiedene Teddybär-Augen, u. a. die althergebrachten Schuhknopf-Augen (Mitte vorn) und Glasaugen mit Drahtstielen oder -schlaufen

BÄREN-ANATOMIE

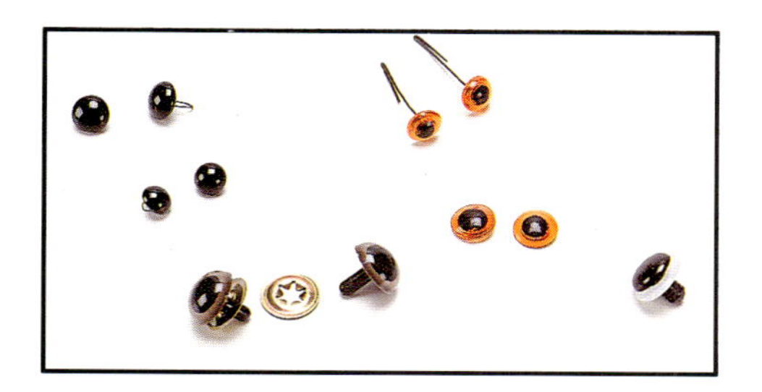

Die aus Deutschland eingeführten ersten Glasaugen, braun mit schwarzen Pupillen, bestanden aus geblasenem Glas; aber bald erwies es sich als billiger, die Rückseite zu bemalen. Die Augen wurden zunächst mit einem Metallhäkchen angebracht. Um Zeit zu sparen, ging man dazu über, sie durch einen längeren Draht zu verbinden, den die Näherin nach Bedarf schneiden und biegen konnte. Sicherheitsvorschriften führten nach dem 2. Weltkrieg zur Entwicklung von Kunststoffaugen, die zuerst angenäht, später mit einer Unterlegscheibe gesichert wurden.

OBEN (im Uhrzeigersinn): Glasaugen aus den 60er Jahren, gelbbraun und schwarz; schwarze und schwarz-braune Kunststoff-Sicherheitsaugen; in Kunststoff nachgebildete Schuhknopfaugen

RECHTS: Altes Schuhknopfauge auf rotem Filz, Zelluloid-Kullerauge der 30er, Kunststoff-Drehauge der 50er und grünes Glasauge der 50er Jahre

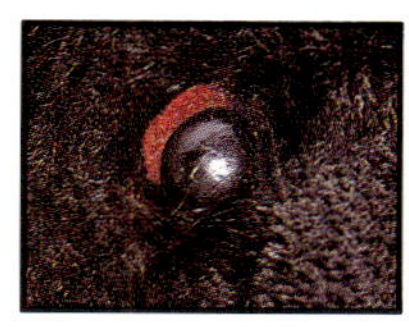

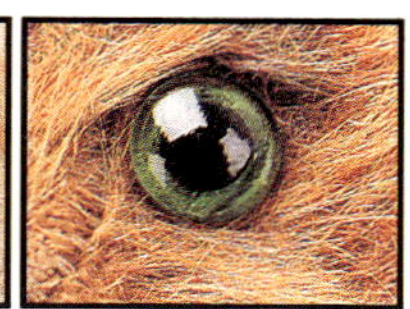

DIE NASE: Es wurde viel herumprobiert, um eine natürlich wirkende Nase zu erzielen. Leder und Guttapercha erwiesen sich als zu hart; daher wurden handgestickte Nasen üblich. Die Nasen liefern einen nützlichen Hinweis auf den Hersteller, denn die Firmen bevorzugten unterschiedliche Formen (dreieckig, länglich oder rund) und stickten sie teils senkrecht, teils waagerecht. Die 1945 aufgekommenen Gumminasen wurden in den 50er Jahren allgemein verwendet. Spielzeugbären tragen heute festgeklemmte Sicherheitsnasen aus Kunststoff, während man für Sammlerbären bei der herkömmlichen handgenähten Nase bleibt.

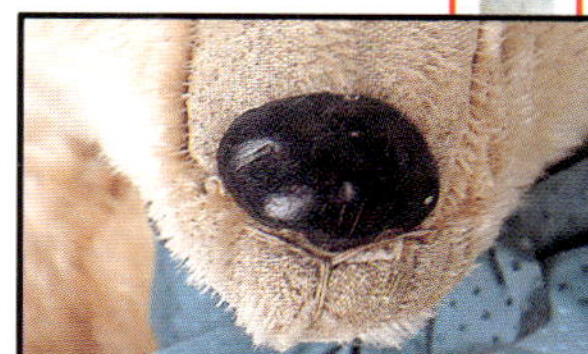

OBEN UND LINKS: Quer gestickte Steiff-Nase (1906), Steiff-Siegellacknase (um 1905), Ideal-Köpernase (um 1906), Character-Metallnase (20er Jahre), englische Kunststoffnase (50er Jahre) und Künstlerbärennase (90er Jahre)

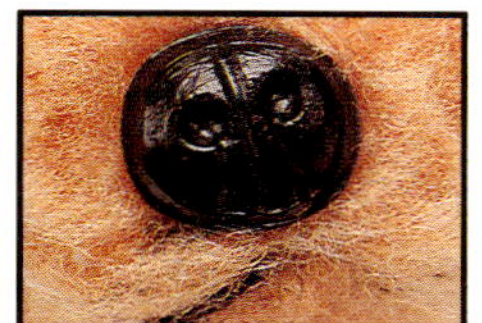
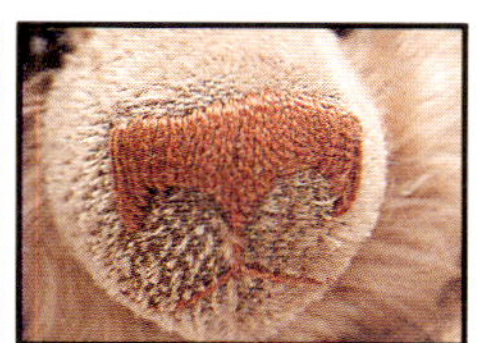

DER MUND: Der Mund ist traditionsgemäß handgestickt, wobei von der Nasenmitte eine einzelne Linie abwärts verläuft und sich zum umgekehrten V gabelt. Unterschiedliche V-Formen erlauben eine große Vielfalt im Ausdruck, vom Lächeln bis zur Trauermiene. Gelegentlich sieht man einen offenen Mund, der mit Filz ausgekleidet und vielleicht mit einer Zunge versehen ist. Zähne waren nicht beliebt und sind daher selten.

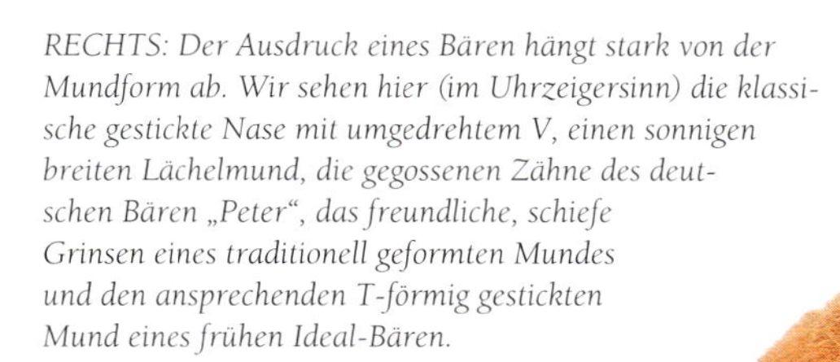

RECHTS: Der Ausdruck eines Bären hängt stark von der Mundform ab. Wir sehen hier (im Uhrzeigersinn) die klassische gestickte Nase mit umgedrehtem V, einen sonnigen breiten Lächelmund, die gegossenen Zähne des deutschen Bären „Peter“, das freundliche, schiefe Grinsen eines traditionell geformten Mundes und den ansprechenden T-förmig gestickten Mund eines frühen Ideal-Bären.

AMERIKANISCHE TEDDYBÄREN

Thank you, Mister President!

„Du erinnerst dich sicher", doziert Onkel Brummi, „daß unser Siegeszug in den Vereinigten Staaten im November 1902 begann, als Präsident ‚Teddy' Roosevelt, ein passionierter Jäger, das Leben eines hilflosen jungen Bären schonte. Die Bären wurden zum Medienthema, woraufhin im März 1903 der New Yorker Importeur George Borgfeldt and Co. 3000 Steiff-Bären aus Deutschland bestellte. Später im selben Jahr ließen sich Morris und Rose Michtom aus New York dazu anregen, ihre eigene Version des ‚Teddy-Bären' auf den Markt zu bringen." – „Daher unserer Name!" quiekt Wuschel. – „Genau. Und wir tragen ihn mit Stolz, denn er geht auf einen präsidialen Gnadenakt zurück. Vielleicht wurde der Teddy deshalb so schnell beliebt. Früher waren Bären nur nebenbei im Sortiment der Stofftiere erschienen. Die knuddligen neuen Teddybären eroberten die Herzen im Sturm. Schon 1907 arbeiteten die Hersteller in den meisten großen Städten der USA auf Hochtouren, um die Nachfrage an Teddys zu decken – und verkündeten, daß ihr Spielzeug den europäischen Importartikeln in nichts nachstand. Diese ‚Pionierzeit' der Teddybären zeichnet sich durch eine breite Palette an Stilrichtungen und viele originelle Neuschöpfungen aus, u. a. einen von selbst pfeifenden Bären, einen Kopfunter-Bären, einen ‚antiseptischen' Bären – und einen Elektrobären mit Blinkaugen." – „Diese Urahnen werden doch kaum noch aufzutreiben sein", meint Wuschel. – „Ja, leider", gibt Brummi zu. „Viele damalige Hersteller gaben die Produktion bald auf. Ihre Teddys sind heute sehr selten."

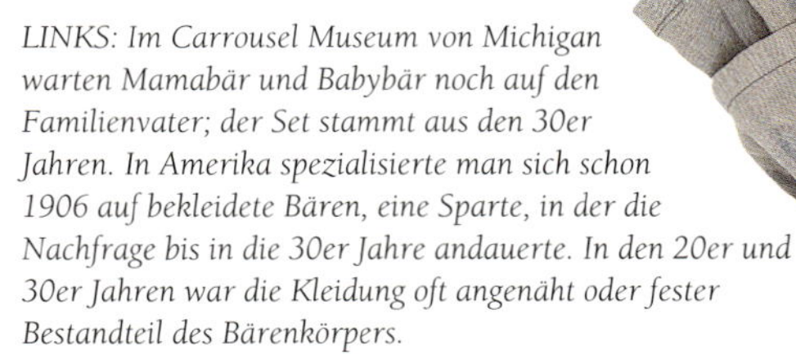

LINKS: Im Carrousel Museum von Michigan warten Mamabär und Babybär noch auf den Familienvater; der Set stammt aus den 30er Jahren. In Amerika spezialisierte man sich schon 1906 auf bekleidete Bären, eine Sparte, in der die Nachfrage bis in die 30er Jahre andauerte. In den 20er und 30er Jahren war die Kleidung oft angenäht oder fester Bestandteil des Bärenkörpers.

RECHTS: Die Kopfunter-Puppe der Dreamland Doll Company (um 1907), heute ein besonders seltenes Objekt, erscheint als goldfarbiger Mohairteddy mit Kopf- und Armgelenken, umgedreht jedoch als schwarze Babyland-Stoffpuppe.

AMERIKANISCHE TEDDYBÄREN

Amerikanischer Bär, um 1920
Die amerikanischen Bären vom Anfang des Jahrhunderts weisen viel weniger Einheitlichkeit auf als deutsche und britische Produkte jener Zeit. Einige kennzeichnende Merkmale bildeten sich aber bald heraus. Dieser alte amerikanische Bär ist ein typisches Beispiel.

KOPF *Kurzschnäuzig und runder als bei europäischen Bären, mit großen Segelohren. Auf die rechteckige Nase ist schwarzer oder dunkelbrauner Köper aufgenäht; bei vielen alten amerikanischen Bären ist die Nase jedoch gestickt. Der Mund ist aus grobem Florettgarn als umgedrehtes Y gestickt, dessen Enden sich zu einem vergnügten Lächeln schwingen. Die Augen bestehen aus braunem Glas mit schwarzen Pupillen.*

RUMPF *Fast buckellos, mit leicht gebogenem Rücken; länger und schmaler als im deutschen und britischen Stil. Die Form erinnert eher an eine Puppe als an einen Bären. Die extrem harte Holzwollfüllung verleiht diesem Bären eine starre Haltung.*

ARME *Kurz und ziemlich gerade. Die Pfoten sind hier deutlich nach oben geschwungen, fast wie eine Aufforderung zum Schmusen; bei vielen amerikanischen Bären aus jener Zeit sind die Arme dagegen überhaupt nicht geschwungen. Die Pfoten enden in dünnen Filzballen, die etwas abgenutzt sind und nie mit Klauen versehen waren.*

PELZ *Kurzer Goldplüsch, der trotz offensichtlicher Abnutzung an Ballen und Füßen bemerkenswert gut erhalten ist.*

BEINE *Lang und sehr gerade. Sie werden nur am Knöchel ein wenig schmaler und enden in kleinen, minimal ausgeformten Stummelfüßen. Für das Porträt zur Linken bedeckt der alte Herr – ob nun aus Vorsicht oder Eitelkeit – seine abgewetzten Fußballen mit einem molligen Paar Wollsocken!*

Die Roosevelt-Bären
Die Roosevelt-Bären Teddy B (schwarz oder braun) und Teddy G (grau) schuf 1905 der Kinderbuchautor Seymour Eaton als Helden eines Reigens gereimter Erzählungen. Von Pädagogen verschmäht, von Kindern geliebt, blieben sie bis zum 1. Weltkrieg populär. Als Nebenprodukte entstanden Postkarten, Porzellanwaren und Brettspiele. Die hier abgebildeten Roosevelt-Bären sind eine moderne Plüschnachbildung der D&D Productions, Maryland.

Die Bären sind unschlagbar!

„Als Roosevelt 1909 die Präsidentschaftswahl verlor, befürchteten die Spielzeughersteller, ‚Teddys Bär' müsse ebenfalls abdanken. Auf der fieberhaften Suche nach einem Nachfolger wurden mehrere neue Plüschtiere vorgestellt, darunter ‚Billy Owlett' (in patriotischer Aufmachung) und ‚Billy Possum' (weil der neue Präsident William Taft eine Spezialität des Staates Georgia, nämlich ‚Opossum und Kartoffeln', besonders pries)." – „Dennoch gerieten sie in Vergessenheit, während die Teddy-Legionen weitermarschieren!" frohlockt Wuschel. – „Stimmt", sagt Onkel Brummi. „Seit Ende der 70er Jahre erkannten die Spielzeughersteller den wachsenden Sammlermarkt und begannen dafür ein spezielles Sortiment anzubieten, oft mit dem deutlichen Vermerk ‚nicht für Kinder'. Viele Firmen stellten Bären in begrenzter Auflage her – ein Trend, der bald auch Nachbildungen früherer Modelle einbezog, um sie für Sammler mit kleinerem Budget erschwinglich zu machen. Außerdem begannen Teddybär-Künstler liebevoll handgefertigte Bären herzustellen: die Antiquitäten von morgen. Viele von ihnen sind mitsamt ihren Ahnen in verschiedenen Teddybär-Museen zu bewundern oder bei Tagungen in vielen Städten der USA anzutreffen." – „Da wäre ich gern einmal dabei", wünscht sich Wuschel.

LINKS: Der LoneStar-Bär von 1988 ist der Held einer Reihe Kinderbücher. Als einfacher Gebirgsbär aus Idaho wünscht er sich nichts sehnlicher, als all seine Zeit dem Fischfang zu widmen, aber unablässige Abenteuer rund um den Globus, ja sogar im Weltraum, halten ihn davon ab.

RECHTS: Der weiche Pelz aus Seide und Mohair (auf antik getrimmt) lädt zum Kuscheln ein. Dieser Bär von 1992 ist aber für Sammler, nicht für Kinder bestimmt. „Master Witney" wurde in nur zehn Exemplaren von der Teddybär-Künstlerin Pamela Wooley gefertigt.

Zwei Bären auf einen Streich

Der unerschrockene Sammler, der diesen Teddy auf dem Portobello-Road-Flohmarkt in London aufstöberte, spürte sofort, daß er einen besonderen Fund gemacht hatte. Unter der makellos gestrickten Außenhaut kam ein mehrfach geflickter, aber perfekt geformter Bär aus den 20er Jahren zum Vorschein. Es waren sogar Knopflöcher eingearbeitet worden, um die ursprünglichen Augen durchzulassen.

OBEN: Der Sammler findet alle Bären kostbar, nicht nur die teuren. Die Bären in diesem ungleichen zeitgenössischen Quartett der Marke Californian College sind Serienprodukte ohne besonderen Qualitätsanspruch, als Maskottchen aber beliebt.

UNTEN RECHTS: „Heartful Dodger" wurde in begrenzter Stückzahl 1992 von der Teddybär-Künstlerin Diane Gard aus Colorado als Sammelobjekt gefertigt.

UNTEN LINKS: Im Carrousel Museum (Michigan) finden bescheidene Maskottchen ebenso herzliche Aufnahme wie prächtige Künstlerbären. Terry und Doris Michaud zeigen hier über 2100 Bären und stellen in Handarbeit ihre eigenen traditionellen Teddys her.

Schicksalsgefährten

In weit höherem Maß als anderes Spielzeug sind Teddybären oft lebenslange Begleiter. Viele solcher Lieblinge, die sich heute in einem Teddybär-Museum zur Ruhe gesetzt haben, könnten daher ergreifende Geschichten erzählen. An dem hier abgebildeten brüderlichen Gespann haftet die Erinnerung an die Kriegsleiden einer amerikanischen Familie. Der kleine Kerl mit der hellblauen Schleife tröstete eine Dame, deren Ehemann im 2. Weltkrieg umkam. Sein großer Bruder mit der teddygemäßen Roosevelt-Wahlplakette gehörte ihrem Sohn, der im Koreakrieg fiel. Beide Bären sind amerikanischen Ursprungs, wenngleich die Hersteller sich nicht bestimmen lassen. Es bleibt uns nur die Familiengeschichte ihrer liebevollen Besitzer.

AMERIKANISCHE TEDDYBÄREN

IDEAL NOVELTY & TOY CO.

Von der Glanzidee zum Ideal-Bären

„Was wurde aus Morris Michtom, nachdem er ‚Teddy's Bear' herausgebracht hatte?" fragt Wuschel. – „Erfreulicherweise hat er Karriere gemacht", erzählt Onkel Brummi. „Der Überlieferung nach erhielt er von Präsident Roosevelt die Genehmigung, seine Spielzeugbären ‚Teddys' zu nennen, doch leider ist diese Ehre nicht urkundlich belegt. Mr. Michtom ließ aber nicht davon ab, Bären zu produzieren; der Erfolg ermöglichte ihm bereits 1903 die Gründung der Ideal Novelty & Toy Company, die ab 1938 schlicht Ideal Toy Company hieß. Die Spielzeugfirma florierte – 1908 konnte sie sich mit Stolz als ‚größter Bärenhersteller der Nation' bezeichnen. In den 60er Jahren waren ihre Fabriken mittlerweile in New York, Kanada, Australien, Neuseeland, Japan, Großbritannien und Deutschland angesiedelt. Der Enkel des Gründers verkaufte die Firma 1982; die Bärenproduktion wurde zwei Jahre darauf eingestellt." – „Und wie sieht dieser ‚Ideal'-Bär nun aus?" möchte Wuschel wissen. – „Auf den ersten Blick erkennt man ihn gar nicht so leicht", erklärt Brummi, „denn die Firma hielt offenbar nichts von Anhängern und Etiketten." – „O je!" murmelt Wuschel. „Ein Bär ohne Schildchen. Das schafft sicher Probleme." – „Durchaus, denn alte Ideal-Bären ähneln im Design sehr den Steiff-Bären und sind leicht mit ihnen zu verwechseln. Manchmal wurden sie irrtümlich als Steiff-Bären verkauft. Gut unterrichtete Sammler können sie aber an bestimmten Familienmerkmalen recht gut erkennen, wie etwa am dreieckigen Gesicht, an den großen, tiefsitzenden Ohren und dem einzigartigen Spitzfuß."

„Nicht oft kann man seine Verwandten als ideal bezeichnen", witzelt Wuschel, „aber bei diesen amerikanischen Cousins ist es wohl mehr als zulässig!"

UNTEN LINKS: Etwa seit 1915 zeigten die Ideal-Bären eine veränderte Gestalt. Unser Beispiel aus den 20er Jahren weist den längeren, ovalen, fast buckellosen Rumpf mit kürzeren Gliedern und Stummelfüßen auf, der für spätere Ideal-Modelle typisch ist.

UNTEN RECHTS: Im Gegensatz dazu haben frühe Ideal-Bären wie dieser Teddy aus der Zeit um 1910–1912 einen kürzeren, dickeren Rumpf, viel längere Glieder und größere Füße. Gesichtszüge und Ausdruck verraten jedoch die Familienzugehörigkeit.

IDEAL NOVELTY & TOY CO.

Ideal-Bär, 1906–1907
Alte Ideal-Bären machen gelegentlich eine Identitätskrise durch, weil sie keinerlei Etikett tragen. Erkennbar sind sie an Formdetails wie dem typischen dreieckigen Kopf und ungewöhnlich zugespitzten Fußballen.

KOPF *Der Kopf ist eines der wichtigsten Kennzeichen früher Ideal-Bären. Typisch ist das große Haupt mit breitem, gerundetem Brauenwulst, steiler Stirn und dem eindeutig dreieckigen Gesicht. Die Schnauze ist lang, gerade und keilförmig, während der liebenswert spöttische Ausdruck den Reiz – und den Sammelwert – des Bären erhöht.*

OHREN *Groß, leicht gehöhlt, breit und bemerkenswert tief an den Seiten des Kopfes angesetzt*

BUCKEL *Der Buckelrücken in Steiff-Manier ist typisch für frühe Vertreter der Marke Ideal.*

ARME *Lang, mit deutlicher Beugung am Handgelenk; große Pfoten mit Baumwollballen und fünf Klauen*

BEINE *Lang (bei einigen frühen Exemplaren jedoch kürzer), große Füße. Diesem Bären fehlt der für die Ideal-Familie sonst typische Spitzfuß.*

NASE *Aufgenähter Köper; waagerecht gestickte Nasen sind für Ideal-Bären dieser Periode jedoch ebenso typisch.*

LINKS: „Cool Cat“, ein Ideal-Bär aus der Zeit vor 1910, ruht auf dem Schoß seiner Altersgenossin „No No Nanette“, die vermutlich auch der Ideal-Familie angehört.

AUGEN *Runde, glänzende, schwarze Schuhknopfaugen sind für Bären aus der Zeit vor dem 1. Weltkrieg typisch. Die Ideal-Familie weist charakteristisch tiefliegende Augen auf. Nach dem Krieg ging Ideal wie andere Firmen zu Glasaugen über.*

RUMPF *Lang und schmal, in kurzem Mohair-Goldplüsch mit einer Mittelnaht. Die Füllung besteht aus Holzwolle, wie sie für Stofftiere damals üblich war.*

IDEAL NOVELTY & TOY CO.

LINKS: Das Dreiecksgesicht identifiziert die beiden wohlerhaltenen Oldtimer mit ziemlicher Sicherheit als Ideal-Bären. Vance mit der schicken Weste entstand um 1908. Seine Filzballen sind etwas abgenutzt, aber sonst ist er für sein Alter noch gut in Schuß. Henry mit Hut und Fliege ist ein paar Jahre jünger.

Buddy
Buddys wehmütiger Ausdruck zeugt von der bittersüßen Erinnerung an seinen im 2. Weltkrieg gefallenen Kameraden. Der Ideal-Bär von 1930 kam mit einem amerikanischen Soldaten 1944 nach England und war dort mit ihm auf dem US-Luftstützpunkt Burtonwood in Lancashire stationiert. Der junge Mann verlobte sich mit einer Engländerin, bei der Buddy zurückblieb, als sein Besitzer an der alliierten Landung in der Normandie teilnahm – und niemals wiederkehrte. Bei der trauernden Verlobten war Buddy gut aufgehoben. Nach ihrem Tod 1983 setzte er sich in einem Teddybär-Museum zur Ruhe.

OBEN: „Darf ich vorstellen – eine Ideal-Familie“, sagt Onkel Brummi. „Von links nach rechts sehen wir Elmer (vor 1910), Louie (1910–1914) und Monty (1904), dessen graue Glasaugen damals recht üblich waren. Rechts sitzen Alastair (1906) und James (1906–1910).“

UNTEN LINKS: Furry Frankie (um 1905) hat einen besonders kuscheligen Pelz aus prachtvollem, langem, seidigem Mohairplüsch und eine gestickte, nicht aufgenähte Nase aus schwarzem Florettgarn.

IDEAL NOVELTY & TOY CO.

UNTEN: Ein patriotischer Bär (ca. 1912) mit dem längeren Rumpf und den kürzeren Gliedern des späteren Ideal-Bären

RECHTS AUSSEN: Sein älterer Bruder (ca. 1910) mit dem charakteristischen Ideal-Spitzfuß

RECHTS: Der jüngste Bruder, ein Modell der 40er Jahre, ist ein Elektroaugen-Teddy. „Darf ich ihm die Brust drücken?" bettelt Wuschel. „Nur zu", ermuntert ihn Brummi. Die kleinen Glühbirnen in den Augen leuchten auf. Ungewöhnlich ist auch der offene, mit Filz ausgekleidete Mund.

OBEN: Drei Bären aus verschiedenen Zeiten. Dennis in der Latzhose und Gregory im grünen Pulli entstanden zwischen 1915 und 1925, Nathan mit der gelben Krawatte zwischen 1926 und 1932. Die Ballen sind erneuert worden.

Smokey the Bear
Eine Kampagne zur Verhütung von Waldbränden in den USA begann 1944 mit einer Symbolfigur namens „Smokey the Bear" für ihre Ziele zu werben. Er war so populär, daß Ideal 1953 ein Stofftier namens Smokey Bear auf den Markt brachte. Gesicht und Pfoten der ersten Smokey-Bären waren, wie hier zu sehen ist, aus Vinyl gegossen – ein Merkmal, das bei einigen Bärenherstellern bereits in den 30er Jahren gebräuchlich war. Spätere Smokeys der Firma Ideal wie auch anderer amerikanischer Hersteller seit den 60er Jahren waren wieder im herkömmlichen Plüsch gehalten. Die Spielzeug-Smokeys trugen ihren Teil dazu bei, Kindern die Gefahren eines Waldbrands bewußt zu machen. Über die Firma Ideal konnten die jungen Bärenliebhaber dem Klub der „Jungförster" beitreten. In die „sprechenden" Smokeys von Knickerbocker waren später Tonbänder mit Informationen über die Kampagne eingebaut.

OBEN: Reginald, ein Bär der 20er Jahre in Goldmohair, gehört mutmaßlich auch zur Ideal-Familie. Er hat einen viel längeren Rumpf und kürzere Arme als ältere Ideal-Bären, aber mit den tiefsitzenden Ohren und der vorstehenden Keilschnauze bleibt er dem Familienideal durchaus treu!

AMERIKANISCHE TEDDYBÄREN

KNICKERBOCKER TOY CO. INC.

Vom Spitznamen zum Ruhm der Knickerbockers!
„Erzähl mir von einer richtig langlebigen, erfolgreichen Firma", schlägt Wuschel vor. – „Das hatte ich gerade vor", sagt Onkel Brummi. „Wir kommen jetzt zur Knickerbocker Toy Co. Inc." – „Was für ein komischer Name!" ruft Wuschel. – „Es war eben eine New Yorker Firma, und die New Yorker trugen wegen der weiten Kniehosen der holländischen Erstsiedler den Spitznamen ‚Knickerbockers'. Die Firma stellte seit 1850 Spielzeug her und wandte sich den Teddybären erst in den 20er Jahren zu – produzierte sie aber weiter bis in die 80er. In diesen sechzig Jahren veränderten sich die Knickerbocker-Bären natürlich ebensosehr wie die Bären anderer Firmen, z. B. von langen Nasen zur abgeflachten Schnauze. Zu den wichtigen Merkmalen zählen große Nasen und große Ohren – und die mit Stolz beibehaltene erstklassige Verarbeitung. Sie wurden sogar als ‚Edelstofftiere' vermarktet. In den 60er Jahren stellte die Firma mit großem Erfolg Smokey-Bären her, darunter auch die ‚sprechende' Version."

UNTEN: Ein Bär aus den 20er oder 30er Jahren, der seinen Mohairpelz mit besonderem Stolz tragen kann. Der deutliche Kontrast zwischen der goldenen Farbe von Augen und Nase und dem tiefbraunen Fell sowie die ungewöhnlich tiefsitzenden Ohren geben ihm ein exquisites Flair. Vom echten Bärencharakter hinter dem strengen Blick war der Besitzer offenbar schwer beeindruckt, denn die braunen Baumwollsamtballen sind deutlich abgetragen und liebevoll, wenngleich amateurhaft, gestopft.

OBEN: Zwei alte Knickerbocker-Bären, in denen noch eine Menge Unternehmungsgeist steckt! Fergus zur Linken im ungewöhnlichen gelblichgrünen Mohair trägt robuste Wanderschuhe. Sein Kumpel Pedro mit den abgewetzten Füßen hätte es ihm gleichtun sollen! Pedros Etikett fehlt genauso wie das Fell an seinen Füßen, aber die Ohren sind als Familienmerkmal unübersehbar.

KNICKERBOCKER TOY CO. INC.

Knickerbocker-Bär, 30er Jahre
Design und Farbe sind konventionell, nicht aber die runden, Überraschung ausdrückenden Blech-Glotzaugen!

KOPF *Im typischen Stil groß und breit, mit starkem Brauenwulst und flachem Scheitel*

SCHNAUZE *Lang und stumpf, im Profil weitgehend naturalistisch. Die naturgetreue Formgebung wird durch eine eingesetzte Schnauze erreicht, die aus einem separaten Stück Stoff geschnitten ist; dieses Merkmal haben viele Knickerbocker-Bären jener Zeit gemeinsam. An der Schnauze ist der gut erhaltene Mohair, wie üblich, zum Kontrast ein wenig geschoren.*

NASE UND MUND *In schwarzem Garn genäht; Nase senkrecht gestickt*

OHREN *Groß, rund und leicht gehöhlt; an den Ecken des Kopfes breit abgesetzt, Nähung quer über die Gesichtsnähte.*

ARME *Kurz, wohlgeformt, mit deutlichen Handgelenken und an der Pfote hochgebogen. Die Pfoten sind lang und verjüngen sich.*

BALLEN *Lang und schmal, mit geradem Rand am Handgelenk. Die Pfoten sind weiß, im Kontrast zum rotbraunen Fell, und bestehen aus Baumwollsamt – dem bevorzugten Ballenstoff bei Knickerbocker.*

RUMPF *Erstklassiger Mohair. Die rotbraune Farbe war für amerikanische Bären damals sehr beliebt, wenngleich Knickerbocker oft ungewöhnlichere Tönungen benutzte.*

BUCKEL UND RÜCKEN
Der völlig gerade Rücken, der am Hals in einem Buckel endet, ist ein typisches, aber nicht ganz einheitliches Knickerbocker-Merkmal.

BEINE *Relativ kurz, mit kurzen, abgerundeten Füßen*

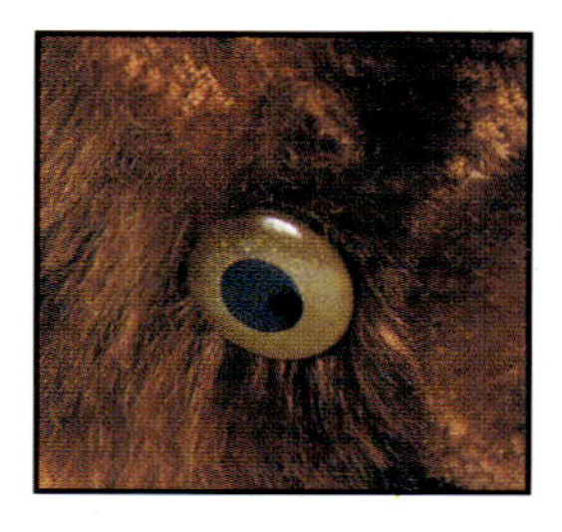

AUGEN *Farbige Augen sind in der Knickerbocker-Familie nicht ungewöhnlich. Hier haben sie eine gefleckte, bräunlichgrüne Tönung und bestehen aus Blech, nicht aus Glas, wie es damals sonst gebräuchlich war.*

KNICKERBOCKER TOY CO. INC.

OBEN UND LINKS: Eine reizende Bärendame der 30er Jahre hat zu ihren grünen Glasaugen den passenden Hut gefunden, aber das rote Züngelchen lugt hervor, während sie den Rest ihrer Garderobe überdenkt. Ihr Pelz ist aus braunem Mohairplüsch, die Ballen in echter Knickerbocker-Tradition aus Baumwollsamt; die Schnauze ist aufgesetzt. Ihr Zeitgenosse zur Linken trägt prächtigen tiefgoldenen Mohair. Er ist überaus gut erhalten, ein Traum für Sammler, aber er ist auch ein wenig zu bedauern, weil er vermutlich nie als Spielkamerad geherzt wurde.

RECHTS: Noch ein schöner Bär aus den 30ern. Eines seiner braun-schwarzen Glasaugen (die vielleicht schon Ersatzstücke sind) bedarf einer kleinen Operation, aber sonst macht er dem Knickerbocker-Etikett in seiner Brustnaht (siehe Nebenbild) alle Ehre. Manchmal nähte die Firma das Etikett mit ihrem Hufeisenzeichen auch ins linke Ohr ein.

Winston
„Winston ist ein Knickerbocker-Bär der 30er Jahre, der sich als Glücksbringer besonderer Art hervorgetan hat", hebt Onkel Brummi vorsichtig an. – „Dann könnte er mir doch auch Glück bringen!" frohlockt Wuschel. – „Das sollte mich wundern! Er hat nämlich dafür gesorgt, daß es mehr Kinder gab, die einen Teddy brauchten. Winstons Besitzerin, die eine große Kinderschar aufgezogen hatte, hörte sich 1946 die Klagen ihrer Tochter nach sechs Jahren kinderloser Ehe an. Die junge Frau wurde angewiesen, Winston ans Fußende ihres Bettes zu setzen. Vier Jahre später hatte das Ehepaar tatsächlich drei Kinder, darunter natürlich ein Junge namens Winston! 1966 gab sie den Bären an ihre eigene Tochter weiter, bei der es in drei Jahren Ehe auch nicht geklappt hatte. Wieder wirkte der Bär offenbar Wunder. Man reichte ihn an andere Damen weiter; der Erfolg blieb nicht aus. Heute genießt er seine wohlverdiente Altersruhe in einem Teddymuseum – weitab von allen Betten!"

RECHTS: Der grünäugige Cheeky Charlie, ein Produkt der 50er Jahre, mit den typischen Kennzeichen des Knickerbocker-Clans: erstklassiger Mohair, große, abstehende Ohren, breiter Kopf mit flachem Scheitel, kurze Glieder

AETNA TOY ANIMAL CO.

Ein kurzlebiges Warenzeichen

„Als nächstes", knurrt Onkel Brummi – der eine Yogastellung eingenommen hat, um nach dem vielen Dozieren wieder einen klaren Kopf zu bekommen –, „als nächstes befassen wir uns mit der 1901 gegründeten Aetna Toy Animal Company in New York. Sie verkaufte von 1906 bis 1915 den Aetna-Bären – ursprünglich ‚Keystone-Bär' genannt. Die mit erstklassigem Mohair bezogenen Aetna-Bären (in sieben Größen) waren komplett mit Gelenken versehen und nicht nur laut Reklame von Künstlern entworfen. Das Design ist für die frühe amerikanische Periode typisch: Buckelrücken, lange Glieder, große Füße und Dreiecksgesicht. Erfreulicherweise wurde ein Warenzeichen benutzt, ein ovaler Stempel auf dem linken Fuß, der jedoch im Lauf der Jahre oft ausgebleicht ist."

„ ‚Teddys Bär' war ein solcher Knüller, daß in derselben Periode, von 1906 bis 1907, in den USA sehr viele Teddybär-Hersteller aus dem Boden schossen", setzt Brummi hinzu, „aber die meisten verschwanden bald wieder. Alteingesessene Firmen wie Steiff sahen sich jedoch in Europa wie in Amerika genötigt, ihre Absatzpolitik zu verbessern und eine Reihe neuartiger Bären anzubieten."

LINKS: Ein gut erhaltener Aetna-Bär (ca. 1908). Seine Glasaugen (anstelle der Stiefelknöpfe seiner älteren Brüder) glänzen noch immer. Der Mohairplüsch und die Filzballen wirken recht frisch, aber das aufgestempelte AETNA-Zeichen an der Pfote ist längst verblaßt.

AETNA TOY ANIMAL CO.

Aetna-Bär, um 1907
Die von der Aetna Toy Animal Company hergestellten Bären sind für das frühe amerikanische Design ausgesprochen typisch. Wir sehen hier ein wohlerhaltenes Exemplar.

KOPF *Rund mit breiter Stirn. Die lange Schnauze und das Dreiecksgesicht sind typische Merkmale amerikanischer Bären aus dieser Periode.*

OHREN *Groß, abgerundet und leicht gewölbt. Sie sind mäßig breit abgesetzt und hoch am Kopf in den Gesichtsnähten plaziert.*

AUGEN *Herkömmliche schwarze Schuhknöpfe (beliebt bis zum 1. Weltkrieg), ziemlich dicht beieinander auf den Nähten des Mitteleinsatzes*

NASE *Dreieckig, zwischen den Gesichtsnähten an der Spitze der Schnauze eingefügt. Mit senkrechten Stichen in schwarzem Florettgarn handgestickt*

RUMPF *Mäßig lang, mit dem traditionellen leichten Buckel*

ARME *Lang und schlank, an den Handgelenken leicht aufwärts gebogen; schmale Pfoten mit ovalen Ballen aus beigem Filz. Von den Ballennähten aus sind fünf lange schwarze Klauen dem Plüsch aufgestickt.*

AETNA

Daß die Aetna Toy Animal Company ihren Teddys ein Warenzeichen mitgab – eine dem rechten Fuß aufgestempelte schwarze Ellipse mit dem Markennamen – unterschied sie von den meisten amerikanischen Bärenherstellern der Frühzeit. Das Warenzeichen erwarb 1919 die E.I. Horsmann Company, New York.

BEINE *Lang und dünn, mit deutlich verjüngtem Fußgelenk und großen Füßen, die wiederum fünf schwarze, aufgenähte Klauen tragen. Die ovalen Filzballen sind mit dünnem Karton verstärkt; so entstand eine ebene Fläche, auf die das Warenzeichen der Firma (an diesem Bären nicht erkennbar) aufgestempelt wurde.*

BRUIN MANUFACTURING CO.

Seltene Bären mit „importierter Stimme“

„Eine weitere kurzlebige Firma der Pionierzeit“, erzählt Onkel Brummi, „war die Bruin Manufacturing Company in New York. Auch sie begann 1907 als Hersteller von Qualitätsteddys, die laut Werbeslogan ‚besser als die beste Importware‘ sein sollten. Wie die Aetna-Bären entsprechen auch die Bruins mit langem Rumpf und langen Gliedern dem herkömmlichen amerikanischen Muster. Sie sind vollständig gegliedert und mit ausgezeichnetem Mohairplüsch bezogen, mit Holzwolle ausgestopft und mit Stiefelknopfaugen versehen. Die Spezialität der Firma Bruin waren die ‚importierten Stimmen‘, nämlich Knurrmechanismen aus Deutschland.“ – Wuschel übt sich ein bißchen im Knurren, bevor er fragt: „Tragen sie ein Etikett?“ – „Jawohl, sie erhielten ein blau und rot gewebtes Seidenschildchen, goldbestickt mit den Buchstaben ‚BMC‘; in den meisten Fällen ist es jedoch abhanden gekommen.“

UNTEN: Ein Bruin-Trio mit den Namen (v. l. n. r.) Awful, Blissful und Wistful. Awfuls Pfoten und Blissfuls Nase sehen arg strapaziert aus, aber Blissful trägt immerhin noch das seltene BMC-Etikett am rechten Fuß. Daß der Pelz bei allen dreien so gut erhalten blieb, bestätigt die gute Qualität des verwendeten Mohairstoffes.

BRUIN MANUFACTURING CO.

Bruin-Bär, um 1907
Der süße, schmachtende Ausdruck bereichert das traditionelle amerikanische Design um eine besondere Note.

AUGEN *Braunes Glas mit schwarzen Pupillen, ziemlich klein und recht dicht beieinander auf den Nähten des Mitteleinsatzes*

NASE UND MUND *Die senkrecht gestickte, längliche Nase und der Mund in umgedrehter T-Form sind aus hellbraunem Florettgarn, passend zum blonden Fell. An der Schnauze war das Fell vielleicht von Anfang an gestutzt, ist jetzt jedoch abgetragen.*

Einen Bruin mit Originaletikett zu finden, macht besondere Freude, selbst wenn das BMC-Zeichen, wie in diesem Fall, etwas abgenutzt und ausgebleicht ist.

MOHAIR *Lang und seidig, von der hohen Qualität, die bei Bruin zu erwarten ist. Die sanfte Blondtönung unterstreicht die Lieblichkeit des Gesichtsausdrucks.*

ARME *Lang und spitz zulaufend, mit hochgebogenen Pfoten. Der tiefe Schulteransatz kennzeichnet einen bestimmten Teil der Bruin-Bären. Die drei Klauen sind mit dem gleichen hellbraunen Florettgarn auf den Plüsch gestickt, das auch für Nase und Mund verwendet wurde.*

BEINE *Kurz, mit großen, runden Füßen; Ballen aus beigem Filz; aufgestickte Klauen. Bei einer Reparatur am rechten Fußballen achtete man sorgfältig darauf, das kostbare Etikett wenigstens teilweise zu bewahren.*

CHARACTER TOY & NOVELTY CO.

Charakterstudien
„Die Character Novelty Company in Connecticut entstand 1932", erzählt Brummi. – „Ich habe doch auch einen Charakterkopf", tönt Wuschel. – „Mach dich nicht so wichtig", tadelt ihn Onkel Brummi. „Nach dem 2. Weltkrieg stieg die Firma erfolgreich mit Stofftieren und herkömmlichen, gelenklosen Teddys ins Geschäft ein. Dabei blieb es, bis sie 1983 den Betrieb einstellte."

RECHTS UND UNTEN RECHTS: Zwei augenfällig verwandte Character-Bären. Der Trompeter in Goldmohair datiert von etwa 1948, sein brauner Kumpel mit der Fliege von etwa 1950–1955. In beiden Gesichtern entsteht das gewinnende Lächeln durch zwei geschwungene, quer gestickte Mundlinien und typische Character-Augen: auf weiße Filzscheiben aufgenähte schwarze Schuhknöpfe.

UNTEN UND LINKS: Zwei weitere „Charakterbären"! Der aus den 20er Jahren stammende Blonde mit dem großen Hut schaut in ulkiger Streitlust drein. Sein dunklerer Freund trägt die Metallnase und die Baumwollsamtballen der 20er; die Leuchtkraft des rotblonden Fells ist trotz einiger ehrenvoller Blessuren gut erhalten.

CHARACTER TOY & NOVELTY CO.

Character-Bär, 40er Jahre
Kein Etikett, aber alle Character-Merkmale sind vorhanden!

KOPF *Breit und rund, mit hoher Stirn und flachem Scheitel. Die kurze Schnauze ist ein Einsatzstück aus gestutztem Plüsch.*

OHREN *Groß, flach und in die Breite gesetzt, Oberränder in die Gesichtsnähte eingenäht*

AUGEN *Tief bernsteinfarbenes Glas mit gemalten schwarzen Pupillen*

NASE *Ein relativ schmaler, schwarzer Tupfen, senkrecht aufgestickt*

ARME UND BEINE *Sehr kurz und dick. Die kräftigen kleinen Beine und Stummelfüße sind nicht weiter ausgeformt. Die noch kürzeren Arme verjüngen sich zu schmalen Pfoten mit deutlicher Biegung am Handgelenk.*

BALLEN *Ovale oder tränenförmige Filzstücke in hellem Beige. Wie bei vielen (wenn auch nicht allen) Character-Bären wurde auf Klauen verzichtet.*

RUMPF *Kräftig und gedrungen, mit tief angesetzten Armen und etwas schmaler an den Hüften; sehr guter Mohair*

RECHTS: In der Zeit vor dem 2. Weltkrieg experimentierten die Teddybärhersteller mit unterschiedlichem Material für die Nase, z. B. Leder, Zelluloid oder (wie hier) Weißblech.

OBEN: Das ausgefranste, aber noch immer hervorstehende Stoffschildchen in der linken Ohrnaht identifiziert einen anderen Bären der 40er Jahre unzweifelhaft als Character.

GUND

Annie Get Your Gund!

„Aus Connecticut stammte nicht nur die berühmte Scharfschützin Annie Oakley, sondern auch die 1898 gegründete Gund Manufacturing Company“, erzählt Brummi. „Die Firma siedelte jedoch ein paar Jahre später nach New York über. Auch sie begann mit einem allgemeinen Spielzeugsortiment, das 1906 um Teddybären erweitert wurde. Als ihr Gründer, Adolph Gund, sich 1925 zur Ruhe setzte, kaufte sein Assistent Jacob Swedlin (der als Hausmeister angefangen hatte!) die Firma auf. Er führte verschiedene Neuheiten ein, z. B. mechanische Springtiere und Walt-Disney-Figuren, verzichtete aber keineswegs auf die Teddys. In den 50er Jahren wurde Gund nach Brooklyn verlegt und produzierte die Artikelreihe ‚Dreamies‘ – gelenklose Bären aus modernem Kunststoff. In den 70er Jahren erfolgte ein weiterer Umzug (nach New Jersey) sowie der Wechsel von der Massenfertigung zu anspruchsvollen Sammelobjekten wie den extraweichen ‚Collector's Classics‘. Der ‚1983 Anniversary Bear‘ zur Feier des 85jährigen Jubiläums der Firma fand wiederum großen Anklang; seither wird jährlich ein besonderer Bär vorgestellt. Ein neues, preisgekröntes Sortiment von 1991 war in begrenzter Auflage die handgefertigte Signature Collection. Die Firma ist heute größer denn je; viele ihrer Bären werden in Fernost hergestellt.“

UNTEN: Gold Dust, einer der neuesten Bären im Angebot des ältesten Stofftierherstellers der USA, gehört zur Signature Collection. Sein lachendes Antlitz verrät, daß er das Sammelfieber nicht besonders ernst nimmt – aber zur Sicherheit ist sein Fuß numeriert und signiert von der leitenden Gund-Designerin, Jacob Swedlins Tochter Rita Swedlin Raiffe.

OBEN: Liebhaber reißen sich um dieses kuschelige Trio, das drei der erfolgreichsten Gund-Serien für Sammler repräsentiert. Sweet Thing, der gewichtige Blonde zur Rechten, gehört zur Signature Collection der 90er Jahre. In der Mitte steht der „Gundy“-Bär von 1993, elftes Mitglied einer seit 1983 jährlich erweiterten Reihe, deren Raritäten jeweils in begrenzter Auflage nur ein Jahr lang erhältlich sind. Huggy Bear, der purpurne Herr zur Linken, entstand 1992 als Mitglied der schmuseweichen Serie „Collector's Classics“.

Gund-Bär, 30er Jahre

Eindeutig identifizierbare Gund-Bären aus jener Zeit sind eine Seltenheit, aber der kecke kleine Bursche hier trägt noch sein Originalschildchen.

AUGEN *Die großen Kulleraugen aus Zelluloid verleihen dem Bären einen komischen starren Blick. Die schwarzen Pupillen bewegen sich frei im weißen Außenring, so daß er in verschiedene Richtungen blicken kann.*

GLIEDER *Kurz und kräftig, an Fuß- und Pfotenansatz gekrümmt. Die Pfoten sind löffelförmig, die Füße rund, kurz und klauenlos. Die Ballen bestehen aus beigem Filz. Alle vier Glieder sind gelenkig.*

OHREN *Weit auseinander, groß, rund und leicht gehöhlt*

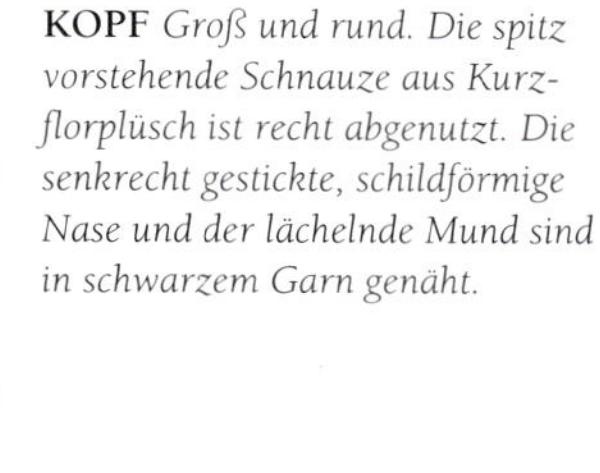

KOPF *Groß und rund. Die spitz vorstehende Schnauze aus Kurzflorplüsch ist recht abgenutzt. Die senkrecht gestickte, schildförmige Nase und der lächelnde Mund sind in schwarzem Garn genäht.*

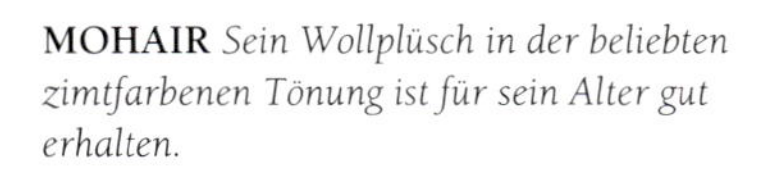

MOHAIR *Sein Wollplüsch in der beliebten zimtfarbenen Tönung ist für sein Alter gut erhalten.*

RUMPF *Der kurze, runde Rumpf lädt zum Knuddeln ein. Im Profil erkennen wir den leichten Buckel, der für amerikanische Bären damals recht typisch war.*

UNBEKANNTE AMERIKANISCHE MARKEN

Die anonymen Bären

„Nachdem wir einige große Namen unter den amerikanischen Teddybär-Herstellern abgehandelt haben, wollen wir uns nun den namenlosen Bären zuwenden", verkündet Onkel Brummi. „Was den Hersteller betrifft, tappen wir bei vielen alten amerikanischen Bären im dunkeln, denn nur wenige Firmen der Pionierzeit benutzten ein Etikett; und schlimmer noch, in den Jahren des ersten Bären-Booms von 1903 bis 1910 schoß eine Vielzahl äußerst kurzlebiger Firmen aus dem Boden. Um ein paar Namen zu nennen: American Doll and Toy Manufacturing Company, Art Novelty Company, Columbia Teddy Bear Manufacturers, Hecla, Harman Manufacturing of New York, Miller Manufacturing Company, Strauss Manufacturing Company..." – „Halt, halt!" schreit Wuschel. „Es reicht! Leiden diese armen Bären nicht unter einer ständigen Identitätskrise, wenn sie ihren Hersteller nicht kennen?" – „So schlimm ist es nun auch wieder nicht", beruhigt ihn Onkel Brummi. „Bei aller Vielfalt der amerikanischen Bären gibt es doch einen ausgeprägten amerikanischen Stil. Manche folgen dem Vorbild der Ideal-Bären: dreieckiges Gesicht, große Ohren und schmaler Körper; oder sie entsprechen dem anderen herkömmlichen Stil: runder Kopf, kurze Schnauze, langer Rumpf, gerade Glieder und kleine Füße." – „Das kann ich mir ja gar nicht alles merken", stöhnt der arme Wuschel. – „Macht nichts. Ein Bär bleibt doch ein Bär, und ein echter Bärenliebhaber hat ihn sicher von Herzen gern." – „Namen sind Schall und Rauch", tröstet sich Wuschel.

UNTEN RECHTS: Stillgestanden! Drei Musikkapellen-Bären, Erzeugnisse zweier unidentifizierter Hersteller der Periode von 1920 bis 1940, verdienen ein Lob für die gewissenhafte Pflege ihrer Paradeuniformen.

LINKS: Reklameleute erkannten rasch das Werbepotential des Teddybären. Dieser kleine Kerl wurde in den 20er Jahren vom Women's Home Journal *verschenkt*

LINKS: Zwei weitere Mitglieder des „Klubs der anonymen Bären". Der kleine Latzhosenträger (1906 oder 1907) ist ein typischer Vertreter seiner Zeit. Der rote hingegen ist nicht nur farblich ein Sonderfall, sondern hat obendrein batteriebetriebene Blinkaugen. Mehrere Firmen brachten solche Elektroaugen-Teddys auf den Markt, aber der Mechanismus ging rasch kaputt, der Reiz schwand dahin; es gibt nur noch wenige Exemplare.

UNBEKANNTE AMERIK

LINKS: Der lange Rumpf und der runde Kopf kennzeichnen Brutus (20er oder 30er Jahre) mit seinem dunklen Purpurplüsch als amerikanisches Produkt.
RECHTS: Der Eisenbahnfreund von 1908 hingegen hat den ebenfalls typisch amerikanischen Dreieckskopf, den die Firma Ideal populär machte.

LINKS AUSSEN: Ein Bär unbekannten Alters; mit dem strengen, Y-förmigen Mund ist er jedoch ein typisches Beispiel für die amerikanischen Bären der Frühzeit.

LINKS: Das Lächeln dieses alten Bären hat sich weit besser gehalten als seine Füllung – ermuntert vielleicht durch den freundlichen Menschen, der ihm die Pfoten flickte und pelzige neue Fußballen annähte.

RECHTS: Zwei Bären, die stutzig machen! Mama Bär hat einen schmaleren Kopf und eine spitzere Schnauze als die meisten ihrer Landsleute, aber der lange Rumpf und die relativ kurzen, geraden Glieder helfen bei der Bestimmung der Nationalität. Ihr Adoptivsohn hingegen, der auch aus den USA stammt, hat einen plumperen Rumpf und längere Glieder.

Eddie
Eddie gibt nicht bloß an, wenn er von seiner illustren Vergangenheit prahlt; sein erster menschlicher Freund war der Varietéstar Marilyn Miller, späteres Mitglied der berühmten Revuetruppe „Ziegfeld Follies". 1904, als Marilyn noch mit den Five Columbians durchs Land reiste, legte sie eine Varietépause ein, um den Sommer bei ihrer Familie in Findlay (Ohio) zu verbringen. Bei dieser Gelegenheit schenkte sie ihrem jungen Nachbarn Eddie Paige diesen hübschen zimtfarbenen Mohairbären. Der Bär blieb 81 Jahre bei der Familie Paige, bevor er sich im Carrousel Museum (Michigan) zur Ruhe setzte. Sein Mohair ist stellenweise beschädigt, die Filzballen aber fast wie neu, und die schwarzen Schuhknopfaugen haben vom Glanz einer versunkenen Ära nichts eingebüßt.

Schaukelnder Ruhestand
Direkt aus den Händen der ursprünglichen Besitzerin gelangte der kleine Kerl ins Teddybär-Museum. Sie war zwei Jahre alt, als ihre Eltern ihn 1912 in einer Gemischtwarenhandlung in Michigan kauften.

RECHTS UND UNTEN: Noch einmal drei – oder zwei und ein achtel – anonyme, aber liebevoll gepflegte Oldtimer demonstrieren die breite Vielfalt in Größe und Stil der frühen amerikanischen Bären. Der typische lange Rumpf fällt bei dem großen Herrn mit der roten Schleife besonders ins Auge.

UNBEKANNTE AMERIKANISCHE MARKEN

OBEN: Ein niedliches, charaktervolles Quartett mit unbekannter Vorgeschichte. Wir sehen hier (v. l. n. r.) einen gelehrten Herrn von etwa 1920, eine nachdenkliche Dame unbestimmbaren Alters, einen leichtfüßigen Burschen, ca. 1908, und hinter der riesigen Schleife einen wohlerhaltenen Kerl, der vielleicht der Senior dieser Gruppe ist – vermutlich Jahrgang 1906.

Die „Rose aus zweiter Hand"

Zwei junge Antiquitätenhändler mit einer Vorliebe für alte Kleidungsstücke machten den Fund ihres Lebens, als sie den Dachboden einer großen viktorianischen Villa in Michigan durchsuchten. Fast hundert Jahre lang waren hier alle möglichen Objekte sorgsam abgestellt worden. Als das Pärchen Schicht um Schicht abtrug, kam praktisch eine Serie von Zeitkapseln für die einzelnen Jahrzehnte zum Vorschein. Schließlich stießen die beiden auf einen alten Kabinenkoffer mit allerlei Artikeln der Jahrhundertwende. Unter den Schätzen, die er enthielt, befand sich ein alter Schuhkarton, und darin lag, tadellos erhalten, diese wundervolle Bärendame. Der Mohair leuchtete wie am ersten Tag ihres Daseins. Sogar der Quieker funktionierte noch – wenn auch ein wenig schwach nach jahrzehntelangem Schweigen. Man brachte die Rarität in Windeseile zum Carrousel Museum, wo sie einen Pelzkragen, den Filzhut mit Bändchen und Federn, ein rotes Lederhandtäschchen und obendrein einen Namen erhielt: *Second Hand Rose*, die „Rose aus zweiter Hand".

DER AMERIKANISCHE STAMMBAUM

„Unser Familienalbum in den USA", erklärt Brummi, „zeigt eigentlich die Geschichte der Teddybären, seit es uns in diesem Lande gibt." – „Stammen wir aus Arkansas, das früher ‚Bärenstaat' genannt wurde?" fragt Wuschel. – „Nein, und mit der kalifornischen ‚Bärenflagge' hatten unsere Ursprünge auch nichts zu tun. Unser triumphaler Siegeszug begann in New York. Von dort aus eroberten wir die ganze Nation, bis an den Pazifik!" – Wuschel geht das bombastische Geschwätz auf die Nerven. Er guckt lieber ins Album.

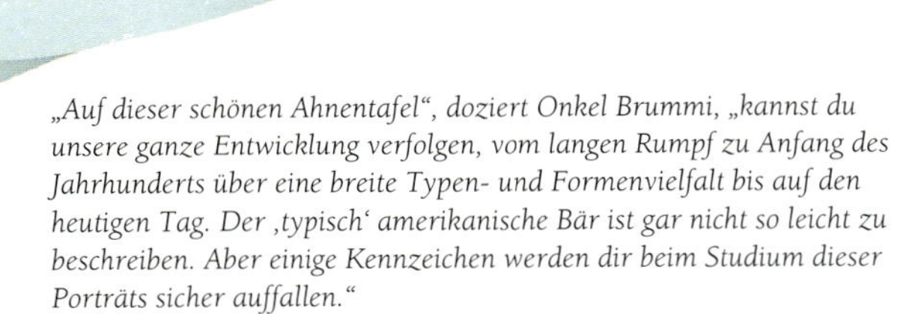

„Auf dieser schönen Ahnentafel", doziert Onkel Brummi, „kannst du unsere ganze Entwicklung verfolgen, vom langen Rumpf zu Anfang des Jahrhunderts über eine breite Typen- und Formenvielfalt bis auf den heutigen Tag. Der ‚typisch' amerikanische Bär ist gar nicht so leicht zu beschreiben. Aber einige Kennzeichen werden dir beim Studium dieser Porträts sicher auffallen."

1907

Luther, 1907 als „selbständig pfeifender Bär" angepriesen, hatte fröhliche Melodien auf Lager.

um 1915

Wie sein Vorbild „Teddy" Roosevelt war Wilbur ein totaler Action-Typ.

20er

Ein auf seinen Kopf ausgesetzter Preis von 25 Cent verlieh Two Bit („Vierteldollar") Daniley den Namen.

50er

Chuck ließ seiner Mutter vor Stolz das Herz schwellen, als man ihn zum hübschesten Bären krönte.

50er

Mehrfach verwundet, mit der Tapferkeitsmedaille ausgezeichnet, hat Arthur sich zur Ruhe gesetzt.

70er

Mama und Mickey lassen sich fotografieren – damit Papa ein Porträt für die Brieftasche hat.

80er

Benjy's großer Traum ist es eines Tages für die Dodgers spielen zu dürfen.

um 1910
Max, ein konventioneller Familienbär, gab zwischen 1910 und 1914 den Ton an.
um 1910
Loretta wählte passend zu ihrem dunkelblonden Mohair ein kirschrotes Bändchen.
um 1912
Tante Eunice hat für die Porträtaufnahme ihren liebsten Spitzenumhang angelegt.
20er
Sein New Yorker Cousin Augustus bevorzugte einen feineren Lebensstil.
30er
Das süße Südstaatenmädel Caresse lockte die Kavaliere aus der Umgebung heran.
1935
Minocqua war ganz vom Swing berauscht – aber nur, wenn niemand zuschaute.
1944
Auch als „charakterstärkster Bär" war Just Ted auch bei gewöhnlichen Leuten beliebt.
1980
Mischka besuchte 1980 als Maskottchen die Olympischen Spiele in Moskau.
1985
Joe schlug die militärische Laufbahn ein, vergaß aber nie, nach Hause zu schreiben.
1992
Daisy trägt anläßlich der nostalgischen Rückkehr zur Mode der 60er Jahre Blumen im Haar.
1992
Justin blickt hoffnungsvoll in eine strahlende Zukunft für sich selbst und seine Nachfahren.

KRIEGSBÄREN

Bären im Krieg
„Stimmen wir nun eine Lobeshymne auf berühmte Bären an", deklamiert Onkel Brummi, „vor allem auf unsere Kriegshelden." – „Sind Bären nicht Kriegsdienstverweigerer?" fragt Wuschel. „Laut Pfadfinderkodex für Bären sollen wir friedlich, verläßlich und treu sein. Von Krieg ist keine Rede!" – „Na klar, aber ein Bär muß doch seinem Besitzer immer zur Seite stehen. Deshalb mußten die Bären natürlich mit in den Krieg, und so manch einem Soldaten, Seemann oder Flieger wärmten sie das Herz. Bei gefährlichen Einsätzen wurden sie als Maskottchen gebraucht, und sogar in Gefangenenlagern leisteten sie treue Dienste. Auch die daheimgebliebenen Bären spendeten Trost, wenn Bombenangriffe, Evakuierungen und Schreckenstelegramme das Leben schier unerträglich machten."

LINKS UND UNTEN: Teddys trösteten im Krieg ängstliche Kinder. Wenn man zur Sicherheit das Haus räumen mußte, war der Teddy vielleicht der einzige Freund, der einem noch blieb. Selbst die obligatorischen Gasmasken mochten durch einen Teddy am Futteral etwas weniger schrecklich erscheinen.

· Theodore ·

Theodore trägt seine Heldennarben am Mohairpelz mit Stolz. Mit seinem Besitzer, der ihn seit 1907 als Kameraden innig liebte, stand er den 2. Weltkrieg durch. Ab 1940 saßen sie vier Jahre in einem deutschen Gefangenenlager, und obendrein wurde der Zug, der sie in die Heimat brachte, von britischen Fliegern unter Bordwaffenbeschuß genommen. Nach dem Krieg unterstützte Theodore seinen Besitzer sieben Jahre lang beim Hilfsdienst in Vertriebenenlagern. 1988 wurde der arg mitgenommene Bär für soziale Zwecke versteigert und fand einen friedlichen Ruhesitz.

KRIEGSBÄREN

· Kermit ·

Ein Mohair-Infanterist! In Kriegszeiten staffierte man Bären oft in patriotischer Uniform aus. Kermit (unten), ein amerikanischer Bär von 1916, trägt die komplette Uniform der Infanterie, mitsamt den robusten Stiefeln und allerlei Orden. Sein abgenutzter Zustand läßt vermuten, daß er im Feld oder an der Heimatfront aktiv gedient hat.

· Fritz ·

Fritz wurde nach dem 2. Weltkrieg unter dem Boden einer Nissenhütte gefunden, wo ein deutscher Kriegsgefangener ihn versteckt hatte. Er war zwar lädiert und verstaubt, aber unverkennbar ein Bär von Rang, denn an der Strickjacke trug er ein Eisernes Kreuz von 1939, ein Mützenabzeichen vom Feldzeugkorps des britischen Heeres sowie verschiedene gestickte Abzeichen. Nach gründlicher Reinigung stellte sich heraus, daß er sogar aus guter Familie stammte; er wurde als ein Steiff-Bär von 1906 identifiziert.

RECHTS: Ein Luftschutzwart des 2. Weltkriegs fand diese kleine Bärin in den Ruinen eines Londoner Wohnhauses, das einer V 1 zum Opfer fiel. Sie hatte beide Ohren, ein Auge und ihren Namen verloren, aber er nahm sie zu sich. Ein wenig Heimchirurgie stellte sie halbwegs wieder her. Ein Name war leicht zu finden: in Anlehnung an den „Blitzkrieg" heißt sie jetzt Blitz!

SEEBÄREN

Hoch auf den brausenden Wogen
„Ah, die See, die romantische See!" singt Onkel Brummi. – Wuschel runzelt die Stirn: „Ich dachte, du wirst immer seekrank?" – „Herrje, was kann ich denn dafür, daß das Wasser auf und ab schwappt", knurrt Brummi. „Doch der bloße Gedanke an seefahrende Bären, die Pfote kräftig auf dem Ruder, versetzt mein Blut in Wallung." – „Setz dich lieber in einen Strandkorb", entscheidet Wuschel.

„Fernrohr, Kompaß, Navigationshandbuch ... fertig ist der Strandkorbmatrose!"

· *Captain Arthur Crown* ·
Zuviel Prahlerei trug diesem Bären eine Glatze ein, kostete ihn ein Auge und schlug ihm die Füllung aus dem Pelz. Doch nach einigen Operationen konnte er sich in voller Piratenwürde mit Augenklappe, großspuriger denn je, als Captain Arthur Crown erneut präsentieren.

· *Martin* ·

Hier zur Linken sehen wir den Vollmatrosen Martin, einen stolzen Vertreter der Mannschaftsgrade. Leider steht er so gut im Futter, daß er keinen Hornpipe mehr tanzen kann. Aber sein kräftiger „Bäriton" reißt die Schiffskameraden von den Bänken, wenn er alte Seemannslieder schmettert, wie etwa „My Teddy is over the ocean" oder „What shall we do with a drunken Knickerbocker". Sein schneeweißes Hemd läßt ahnen, daß er den Landurlaub zur Stippvisite bei einer alten Flamme nutzen will.

· *Jack* ·

Captain Crowns Erzrivale ist Jack the Bear (rechts), ein ehrlicher Seebär, der für die pompöse Uniform des Captains („Die hat er wohl in der Mottenkiste gefunden!") und dessen pöbelhafte Manieren nicht viel übrig hat. Er ist überzeugt, daß der Raufbold über eine Schiffsplanke ins Meer getrieben werden sollte, um für den Rest seines schäbigen Lebens auf einer einsamen Felsinsel zu darben. „Und rührt ihm ja keinen Honig in den Tee!" Aber Jack kann schimpfen, soviel er will – er ist leider nicht seefest. Über eine kleine Kreuzfahrt auf dem Ententeich ist er bis heute nicht hinausgekommen!

DEUTSCHE TEDDYBÄREN

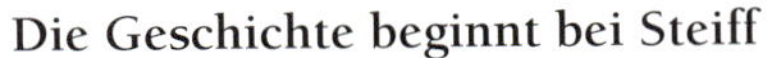

Die Geschichte beginnt bei Steiff

„Teddy Roosevelt mag als geistiger Vater des Teddybären gelten“, erzählt Brummi, „doch unser Mutterland ist eigentlich Deutschland, nicht Amerika.“ – „Wie ist denn das möglich?“ protestiert Wuschel. – „Darf ich um etwas mehr Bärengeduld bitten! Schon lange vor Roosevelts vielbesungenem Gnadenakt standen deutsche Stofftiere, darunter auch naturgetreue Bären, in hohem Ansehen. Viele von ihnen waren auf Rädern montiert oder mechanische Spielzeuge; wegen der oft minderwertigen Qualität sind nicht viele Exemplare erhalten geblieben. Etwa zur gleichen Zeit, als in Amerika die ersten ‚Teddybären‘ auf den Markt kamen, begann die deutsche Näherin Margarete Steiff Gelenkbären im Teddystil herzustellen. Die Anregung zur Abkehr vom naturalistischen Stil hatte ihr Neffe Richard Steiff geliefert, der anhand seiner Bärenzeichnungen aus dem Zoo den Prototyp einer Bärenpuppe geschaffen hatte. 1904 entdeckte der Spielzeughandel die Steiff-Bärer die Stückzahl der Bestellungen aus Amerika ging in die Hun derttausende. Andere deutsche Firmen wie Bing, Hermann und Schuco beeilten sich, den Anschluß zu finden, aber Steiff brauchte sich wegen der Konkurrenz keine Sorgen zu machen. In den ‚Bärenjahren‘ von 1903 bis 1908 herrschte eine unersättliche Nachfrage. Diese alten deutschen Bären, besonders die Steiff-Produkte, sind heute der Traum eines Sammlers, vor allem weil ihre Herkunft leichter nachweisbar ist als die ihrer amerikanischen Artgenossen.“

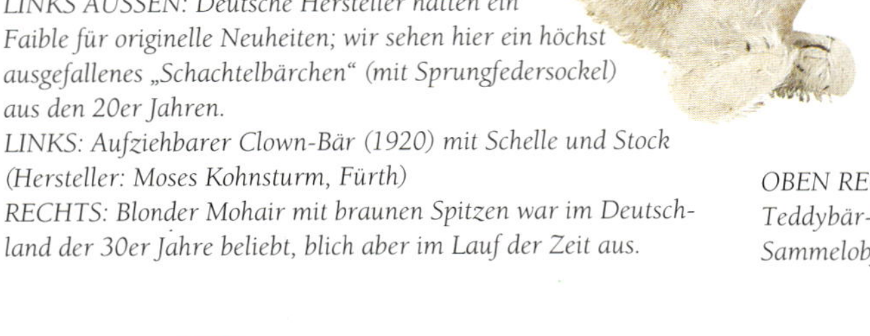

LINKS AUSSEN: Deutsche Hersteller hatten ein Faible für originelle Neuheiten; wir sehen hier ein höchst ausgefallenes „Schachtelbärchen“ (mit Sprungfedersockel) aus den 20er Jahren.
LINKS: Aufziehbarer Clown-Bär (1920) mit Schelle und Stock (Hersteller: Moses Kohnsturm, Fürth)
RECHTS: Blonder Mohair mit braunen Spitzen war im Deutschland der 30er Jahre beliebt, blich aber im Lauf der Zeit aus.

OBEN RECHTS: Postkarten mit Teddybär-Motiven sind gefragte Sammelobjekte.

DEUTSCHE TEDDYBÄREN

OHREN *Groß, hochsitzend und ungewöhnlich vorgeneigt, fast wie Hundeohren*

Deutscher Bär, 20er Jahre

Ein alter Bär aus den 20er Jahren; Hersteller unbekannt. Weil er kein Schildchen trägt, läßt der hübsche Meister Petz sich nicht näher identifizieren, aber die deutsche Herkunft ist unverkennbar.

AUGEN *Im Gegensatz zu früheren deutschen Bären hat er keine runden schwarzen Stiefelknopfaugen, sondern die seit Anfang der 20er Jahre beliebten Glasaugen.*

NASE UND MUND *Mit braunem Faden gestickt. Die Nase ist mit senkrechten Stichen gearbeitet; der Mund hingegen als einzelner, langer, waagerechter Stich, in der Mitte etwas hochgezogen zum umgedrehten Y.*

KOPF *Der breite, runde Kopf und die naturalistische, lange Schnauze (weniger spitz als bei Steiff-Bären) sind trotz mangelnden Etiketts klare Anzeichen für einen deutschen Hersteller.*

ARME *Die besonders langen, am Handgelenk aufwärts geschwungenen Arme sind wiederum ein typisches Merkmal deutscher Bären.*

BEINE *Sie sind ebenfalls lang und nach unten verjüngt; sehr große Füße mit Filzballen; die Überreste brauner, gestickter Klauen sind gerade noch erkennbar.*

PELZ *Der recht elegante Mohair mit grünen Spitzen ist in der Struktur gut erhalten, doch die ursprüngliche Färbung ist leider weitgehend verblaßt.*

LINKS UND RECHTS: Zwei Spielkameraden bleiben am Ball! Der struppige Angeber zur Linken ist ein Produkt der Firma Koch, die in den 50er Jahren Teddys herstellte; die Herkunft seines Gefährten hingegen ist ungeklärt. Beiden gemeinsam ist die typische lange Schnauze deutscher Bären, die beim gründlich rasierten Koch-Teddy besonders auffällt.

OBEN RECHTS: Manche Kennmarken sind ganz amüsant. Das Koch-Schildchen zeigt einen Bären mit hohem Küchenhut und Kochlöffel.

MITTE: Die Firma Anker wählte als Markenzeichen einen spitzen Anker und einen Löwen.

DEUTSCHE TEDDYBÄREN

UNTEN: Ein Steiff-Zotty-Bär von 1970, der patriotisch in alpenländischer Tracht einherstolziert: Lederhose und Tirolerhut mit kecker Feder.

Rückschlag und neuer Aufschwung

Die beiden Weltkriege waren, wie man sich denken kann, für den deutschen Bärenexport nicht förderlich. Einige Hersteller, u. a. Steiff, stellten die Bärenproduktion Anfang der 40er Jahre ganz ein und stellten ihre Fabriken in den Dienst der Rüstung. Andere, wie Steiffs Erzrivale Gebrüder Hermann, mußten während der Nachkriegszeit in die westlichen Besatzungszonen umsiedeln. Doch gute Bären lassen sich nicht unterkriegen; in den 50er Jahren lief der deutsche Teddyhandel wieder auf Hochtouren. Die Firma Steiff gewann ihre Position als Marktführer rasch zurück, während andere Firmen sich ebenfalls erholten und einige neue entstanden. Die 70er Jahre brachten besorgniserregende Konkurrenz aus Ostasien, aber kurz darauf zeichnete sich ein neuer Aufschwung ab, als der Teddymarkt sich vom Kinderspielzeug zu teuren Sammelobjekten ausweitete – ein Trend, dem sich auch die deutschen Hersteller anschlossen. Schon Anfang der 80er Jahre produzierten Steiff und Hermann Nachbildungen ihrer klassischen Bären in begrenzter Neuauflage und auch eine Anzahl Jahrestagsbären, die oft für den amerikanischen Markt konzipiert sind. Bärensammler konzentrieren sich in Deutschland heute eher auf Antiquitäten als auf Künstlerbären, vor allem aber auf Steiff-Bären. Die Sammlerin Florentine Wagner gründete 1986 das Berliner Teddybär-Museum, in dem man über 2000 Ausstellungsstücke bewundern kann.

UNTEN LINKS: Die wilden 20er Jahre sind wieder da! Die niedliche Teddydame Rose mag an Wildheit kaum zu überbieten sein, ist aber eigentlich eine Neuauflage (1992) eines Steiff-Originals von 1925.

UNTEN RECHTS: „Happy“ ist ein echter Klassiker von 1926. Sie trägt ihre Jahre mit leichter Würde, und der Sammler, der sie 1989 bei Sotheby für £ 55 000 erstand, wird ihren lieblichen Gesichtsausdruck ebenso geschätzt haben wie den gepflegten Zustand ihres spitzengefärbten Mohairs.

DEUTSCHE TEDDYBÄREN

ZOTTY-BÄREN

Eine zottige Bärenstory
„Steiff erfand 1951 den Zotty-Bären, ein rundliches Kerlchen mit offenem Mund und einzigartigem Langhaar-Mohair, der ihm seinen Namen verlieh", erzählt Onkel Brummi. – „Weil er ein Zottelbär ist", wirft Wuschel ein. – „Genau. Sein Lachmäulchen wird durch ein pfirsichfarbenes Filzfutter und eine rote Filzzunge oder aufgemalte Zunge hervorgehoben. Der Pelz zeigt eine wunderbare doppelte Tönung, weil das Grundgewebe eine andere Schattierung aufweist als die Haare. Der neue Bär fand sofort reißenden Absatz. Hermann und andere deutsche Firmen ahmten ihn nach; aber man kann einen Steiff-Zotty, selbst wenn sein Erkennungsknopf abhanden gekommen ist, stets am kontrastfarbenen Brusteinsatz erkennen. Zottys gibt es in breiter Größen- und Farbvielfalt. Zu den Besonderheiten zählen ein ‚Schlafender Zotty' von Steiff in Zubettgeh-Pose, bekleidete Zottys der 60er Jahre in filzenen Spielanzügen oder Jäckchen und der Minky Zotty von Steiff (1975), dessen edler Kunstplüsch an Mink (Nerz) erinnert."

RECHTS: Ein Zotty-Vorläufer! Der Hermann-Bär von 1945 ist zwar nicht besonders struppig, hat aber bereits den offenen Mund mit Filzfutter und roter Filzzunge, den Steiff sechs Jahre später bei der Kreation des Zotty übernahm.

UNTEN: Pfirsichfarbene Bruststücke kennzeichnen diese Familie der 50er Jahre als Steiff-Zottys. Der übrige Pelz erhält seine feine Schattierung durch den Einsatz zottigen blonden Mohairplüschs auf dunkelbraunem Grundgewebe.

LINKS: Der Hermann-Zotty der 50er Jahre ist an der besonderen Nase und dem Fehlen eines kontrastfarbenen Bruststücks erkennbar.

PETER

Damit ich dich besser fressen kann...

„Hochbetagte Bären sind deshalb selten, weil ihre jungen Besitzer sie vor lauter Liebe schnell verschlissen. Die Seltenheit des Bären Peter der Gebrüder Süssenguth von 1925 beruht jedoch darauf, daß er *nicht* geliebt wurde." – „Ah, diese kräftigen Zähne, die rollenden Augen, die wackelnde Zunge: da kriegt man ja einen Schreck", meint Wuschel. – „Die Kinder fürchteten sich jedenfalls; er wurde zum Ladenhüter. In neuerer Zeit aber lassen sich Sammler von dem verschrobenen Grinsen (und natürlich der Seltenheit) dieses Sonderlings begeistern. Als 1976 hundert tadellos erhaltene ‚Peters' in einer stillgelegten ostdeutschen Fabrik gefunden und in den Westen geschmuggelt wurden, war die Sensation perfekt."

OBEN: „Bär, wie lebend" – so steht's auf Peters Schachtel. Viele fanden ihn allzu echt!

LINKS UND OBEN: Peter wurde in Beige mit dunkelbraunen Spitzen, Dunkelgrau mit weißen Spitzen oder – ganz selten – in Goldplüsch hergestellt. Für den modernen Betrachter hat Peter einen gewissen exzentrischen Reiz, aber seine bedrohlichen Kulleraugen und die plastischen Zähne stempelten ihn seinerzeit zum Flop.

DEUTSCHE TEDDYBÄREN

STEIFF

Sie tragen ihren Namen mit Stolz
„Kaum zu glauben", meint Onkel Brummi, „daß der künftige Erfolg des Stoffbären nicht auf der Hand lag, als Richard Steiff das neue Spielzeug erfand. Margarete Steiff, die Nestorin der Firma, zeigte sich eher ablehnend." – „Um Himmels willen!" ruft Wuschel. – „Aber Richard hatte den richtigen Zeitpunkt erwischt. Weil Amerika sich damals von Roosevelt inspirieren ließ, wurde der Steiff-Bär zum Knüller der Leipziger Spielzeugmesse von 1903. Der spätere Siegeszug der kuscheligen Teddys hatte mit politischen Faktoren freilich nichts mehr zu tun; sie vereinigten einfach die Vorzüge der Puppe und des Stofftiers. Die Firma Steiff blieb aufgrund ihres Engagements der erfolgreichste Hersteller. In der Qualität machte sie keine Abstriche, aber Richard Steiff und seine Nachfolger waren experimentierfreudig und weiteten ihr Angebot ständig aus. Wenn das herkömmliche Material knapp wurde, fanden sie stets eine andere Lösung (z. B. Nesseltuch). Richard Steiffs Bruder Hugo führte aufziehbare Bären ein. Zu den anderen Neuheiten zählten Stehaufbären, nickende Bären, deren Mechanismus über ein niedliches Schwänzchen betätigt wurde, ein Wärmflaschen-Teddy und später bekleidete Bären wie Nimrod, der Jäger, der sogar ein hölzernes Gewehr trug. Durch enorme Sachkenntnis und Findigkeit bewahrte sich Steiff über viele Jahrzehnte die führende Position unter den Bärenherstellern."

OBEN LINKS: Margarete Steiff, ein Opfer der Kinderlähmung, arbeitete trotz Rollstuhl selbst in der Werkstatt.

UNTEN RECHTS: In dieser Familiengruppe belegt ein junger Rüpel (50er Jahre) den Stuhl mit Beschlag, während die älteren Verwandten (ca. Jahrgang 1910) mit dem Fußboden vorlieb nehmen müssen.

LINKS, MITTE: Zwei Neuheiten von Anno dazumal: ein beinloser Stehaufbär (1908) und sein königlicher Freund, ein äußerst seltener Steiff-Kegel aus Holz und Samt (aus einem Zehner-Set, ca. 1895).

LINKS AUSSEN: 1908 brachte Steiff Teddys mit dem ledernen Maulkorb europäischer Tanzbären auf den Markt. Der kleine Freund (ca. 1907) scheint sich davon nicht abschrecken zu lassen.

LINKS: Der Bärenclown von etwa 1927 ist ein selteneres Exemplar. Seine ursprüngliche Halskrause hat er verloren.

Steiff-Bär, um 1910
Ein sehr begehrenswerter klassischer Steiff (ca. 1910) in ausgezeichnetem Zustand ist rechts zu sehen.

KOPF *Nicht so groß wie bei vielen anderen Herstellern; Hinterkopf gerundet. Auf der traditionellen vorstehenden Schnauze ist der Mohair kurzgeschoren, was ihre Länge noch hervorhebt.*

AUGEN *Kleine, schwarze, hölzerne Stiefelknöpfe, die bei Steiff seitwärts neben den Gesichtsnähten angebracht sind. Dies dient als Unterscheidungsmerkmal, da viele Hersteller die Augen direkt in die Nähte setzten.*

NASE *Senkrecht handgestickte Nase; bei alten, kleinen Steiff-Bären wie diesem ist das immer so (größere Bären bekamen eine waagerecht gestickte Nase).*

RUMPF *Lang, mit etwas kleinerem Buckel als bei seinen Vorgängern. Der Pelz besteht aus goldenem Kurzflor-Mohair von guter Qualität, die Füllung aus Holzwolle.*

ARME *Sehr lang – wenn der Bär steht, reichen sie sogar bis an die Knie! Sie verjüngen sich von der Schulter an fortlaufend und sind am Handgelenk aufwärts geschwungen.*

BEINE *Ziemlich lang, zur schlanken Knöchelgegend hin verjüngt*

FÜSSE *Wie bei allen frühen Steiff-Bären sehr groß; ihre Länge beträgt ein Fünftel der Körpergröße!*

BALLEN *Lang und schmal, aus beigem Filz. Die gut erhaltenen, geraden Klauen, an Pfoten und Füßen jeweils vier, sind mit schwarzem Faden über den Mohairplüsch aufgestickt.*

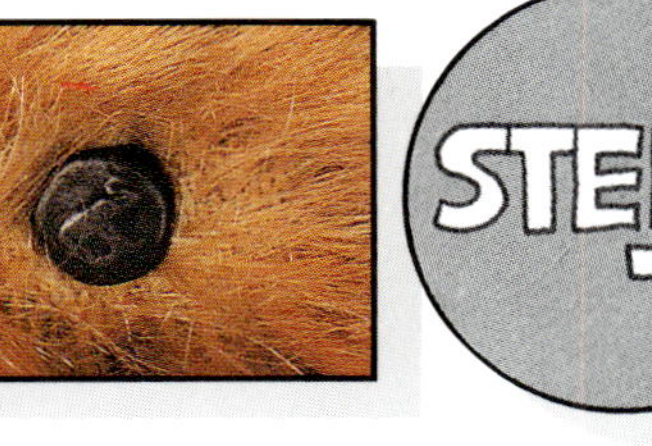

OBEN: Das Steiff-Markenzeichen „Knopf im Ohr" wurde 1904 eingeführt. Ursprünglich wurde ein Elefant aufgeprägt.

MITTE LINKS UND RECHTS, RECHTS AUSSEN: 1905 ließ Steiff seinen Knopf patentieren und ersetzte den Elefanten durch den einfachen Namen STEIFF in Großbuchstaben und später in Schreibschrift, die heute noch in Gebrauch ist (ganz rechts). Andere Hersteller wollten den Knopf im Ohr übernehmen, wogegen Steiff jedoch gerichtlich durchsetzte, daß er entweder auf Rumpf oder Arm verlegt wurde oder ganz wegblieb. Seit 1908/9 wurde ein Stoffschildchen hinzugefügt, seit 1926 ein Papierschild auf der Brust, das aber mittlerweile meist abhanden gekommen ist.

„Ich bin der beste Purzelbär der Welt", prahlt Wuschel. – „Hochmut kommt vor dem Fall", warnt ihn Onkel Brummi.

OBEN UND AUSSEN LINKS UNTEN: Die besonders lange, kahle Schnauze des seltenen Steiff-Bären von 1903 steht im scharfen Kontrast zum vertrauteren Teddygesicht seines Cousins von 1906.

OBEN: Zwei prächtige Oldtimer (ca. 1905). Der kleinere Bär ist mit dem seltenen Stabgelenk konstruiert, das schon nach einem Jahr verworfen wurde. Seine ungewöhnliche Siegellacknase verrät ihn: Eine solche Nase tragen nur Steiff-Bären mit Stabgelenk.

Gelenkstudien

„Um den Perfektionismus der Firma Steiff gebührend zu würdigen", fährt Onkel Brummi fort, „sollten wir uns kurz den Gelenken zuwenden. Der erste Steiff-Bär hatte ganz einfache Schnurgelenke." – „Du willst mir wohl einen Bären aufbinden!" ruft Wuschel. – „Keineswegs. Aber Richard Steiff war nicht zufrieden. Man konnte die Bären zwar als ‚beweglich' vermarkten, aber Schnüre reißen. 1905 ging er versuchsweise zu geraden Metallstäben über, die den Rumpf durchzogen. Bären mit Stabgelenken sind heute eine ausgesprochene Rarität. Die nächsten Entwicklungsstadien waren Doppeldrahtgelenke und schließlich Scheibengelenke (Pappscheiben mit Metallstift), die Steiff seit 1905 ständig verwendet." – „Ich bin schon ganz steif vor Langeweile", murrt Wuschel. „Ich gehe lieber in die Disko." – „Kann schon sein, aber ohne deine Scheibengelenke hättest du sicher keinen Spaß daran."

Der Mittelnaht-Bär

Mittelnaht-Bären sind selten und wertvoll. Sie wurden aber nicht für Sammler erfunden, sondern weil Steiff den teuren Stoff nicht verschwenden wollte. Aus jeder Bahn Mohairplüsch ließen sich nämlich sechs komplette Teddyköpfe schneiden – nur blieb ein Rest übrig. Statt ihn wegzuwerfen, versorgte man damit einen siebten Bären, dessen Gesichtszwickel nun eben aus zwei Teilen bestand. Jeder siebte Bär hatte also eine Mittelnaht von der Nasenspitze zum Hinterkopf. Bei einem neuen Teddy war die Naht freilich unter dem Fell verborgen, aber wenn er wie Albert (links) mit den Jahren eine Glatze bekam, dann kam die Naht zum Vorschein.

UNTEN: Zwei Mittelnaht-Bären von 1905, Bo (links) und Dearhart (rechts), die offenbar ein leichteres Leben hatten

LINKS: Der arme Albert ging kaputt, als er im Keller landete. Nach liebevoller Wiederherstellung erwies er sich zur Freude seiner Finder als ein seltener Mittelnaht-Bär von etwa 1910.

UNTEN: Ein an den Armen aufziehbarer Steiff-Bär, der die lustigsten Purzelbäume schlägt. Aufziehbären aus Frankreich waren bereits beliebt, als Steiff 1909 diesen Artikel vorstellte. Richard Steiffs Bruder Hugo setzte sein technisches Können ein, um eine Reihe Purzel-, Schaukel- und Kletterbären zu entwickeln.

STEIFF

LINKS: Das Farbspektrum echter Bären reicht von Schwarz über viele Braunschattierungen bis Weiß. Der farblichen Vielfalt bei Steiff waren praktisch keine Grenzen gesetzt. Aber als vorherrschend kann wohl eine kräftige Goldfärbung gelten, wie sie bei diesem Bären aus der Zeit vor 1910 zu sehen ist, der seinen prächtigen, langen, gelockten Mohairpelz mit Stolz trägt.

OBEN MITTE: Die seltenen weißen und zimtfarbenen Bären sind bei Sammlern besonders begehrt. Ulysses (Anfang der 20er Jahre) versteckt seinen wertvollen Ohrknopf unter dem roten Fes, der den weißen Mohair gebührend zur Geltung bringt.

OBEN RECHTS: Eine herrliche, satte Zimtfarbe ziert den „Old Man" (vor 1911), der seinen Namen von einem liebevollen Besitzer entlehnt.

RECHTS: Ricky erhielt um 1906 oder 1907 eine zarte honigfarbene Tönung. Schon dieser frühe Steiff zeigt den Wandel vom ursprünglich langnasigen Tier-Gesicht zum kuscheligen kurzschnäuzigen Teddy.

GANZ RECHTS: Sein schwarzbrauner Freund ist eine echte Rarität. Steiff hat nur 494 schwarze Bären hergestellt – vielleicht deshalb, weil bei dieser Farbe die Gesichtszüge nicht hervortreten.

Donna und Dotty
Als zwei ältliche Zwillingsschwestern ihre Steiff-Teddys an einen Händler verkauften, bestand für die Bären ernstlich die Gefahr, nach einem langen gemeinsamen Leben getrennt zu werden. Glücklicherweise fanden sie im Carrousel Museum einen standesgemäßen Alterssitz, wo sie sich als die „Zwillingsmatronen" Donna und Dotty weiterhin aneinanderschmiegen können.

OBEN: Donna und Dotty weisen große schwesterliche Ähnlichkeit auf. In Form, Größe (25,4 cm) und glänzenden Schuhknopf-Äuglein stimmen sie überein. Zwillinge sollte man aber auch unterscheiden können; in diesem Fall hilft vor allem die Farbe. Die eine trägt weißen Mohair mit brauner Nase und braunen Klauen; die andere ist braun und mit schwarzem Faden bestickt. So war es zumindest einmal! Jahrelanges Kuscheln hat den Mohair abgenutzt. Die beiden hatten eine Gänsehaut, bis ihr neuer Gastgeber sich entschied, sie mit Strickjacken zu wärmen.

Wilhelm
Wilhelms edles Fahrgestell erklärt sich aus seinen Beziehungen zum Hochadel. Max, sein Besitzer, war ein getreuer Diener Kaiser Wilhelms II. Als der Kaiser 1918 abdankte und in die Niederlande floh, kamen Max und der Teddy mit. Max kam im 2. Weltkrieg um; sein Sohn brachte den Bären nach England in Sicherheit.

Blanche
Die damenhafte Pose täuscht über eine bewegte Vergangenheit hinweg. Blanche (Jahrgang 1926) gehörte einer Frau, die im 2. Weltkrieg als Spionin für den Geheimdienst tätig war, und begleitete sie auf ihren gefahrvollen Reisen. Blanche fand Gefallen daran und freute sich, daß ihre Besitzerin auch nach dem Krieg, nun als Auslandskorrespondentin, ständig auf Achse blieb.

STEIFF

Der Steiff-Bär im Wandel der Zeiten

„Wie schön, daß manche Dinge gleich bleiben“, sinniert Wuschel, „Weihnachtsbäume, Steiff-Bären...“ – „Meinst du wirklich?“ ruft Onkel Brummi. „Über Weihnachtsbäume weiß ich nicht Bescheid, aber Steiff mußte mit der Zeit gehen! Manche Anpassungen wurden durch äußere Verhältnisse aufgezwungen; man denke nur an die stummen Teddybären von 1949, als der Firma bei reißender Nachfrage die Knurrmechanismen ausgingen.“ – „Ein schrecklicher Gedanke“, knurrt Wuschel. – „Manche Bären wären mir sympathischer, wenn sie den Mund hielten“, kontert Brummi. „Steiff mußte aber auch den Geboten der Mode folgen. Die Schweizer Kunden wollten 1950 Bären mit kürzeren Armen und größeren Köpfen. Steiff hatte den geschäftlichen Spürsinn, sofort darauf einzugehen.“

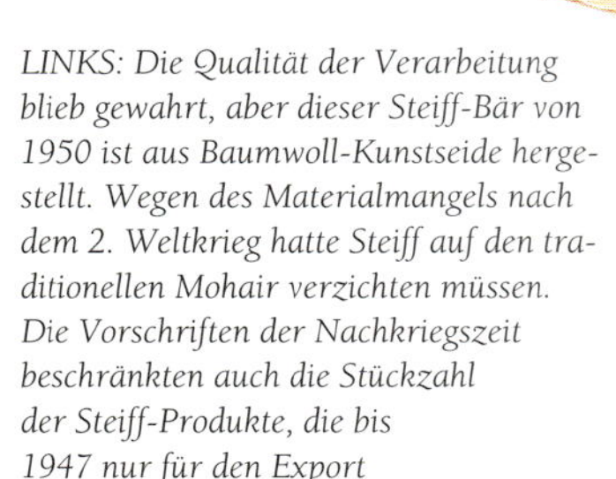

LINKS: Die Qualität der Verarbeitung blieb gewahrt, aber dieser Steiff-Bär von 1950 ist aus Baumwoll-Kunstseide hergestellt. Wegen des Materialmangels nach dem 2. Weltkrieg hatte Steiff auf den traditionellen Mohair verzichten müssen. Die Vorschriften der Nachkriegszeit beschränkten auch die Stückzahl der Steiff-Produkte, die bis 1947 nur für den Export bestimmt waren.

UNTEN: Ein streng dreinblickender Bär aus der Periode 1955–1962 zeigt ein traditionelles Merkmal, das Steiff immer beibehielt: den Knopf im Ohr als Warenzeichen. Mohair war inzwischen wieder erhältlich. Tiefbrauner Mohairplüsch schmückt diesen Bär wie viele seiner Vorgänger.

STEIFF

Die Vervollkommnung des Steiff-Bären
„Der nächste große Rückschlag für Steiff und andere Bärenhersteller", fährt Brummi fort, „kam in den 70er Jahren. Der Geburtenrückgang beschränkte den Markt, während billige Importe aus Asien die Konkurrenz verschärften. Steiff versuchte sich erfolglos mit billigerem Spielzeug. Gegen Ende des Jahrzehnts kam ein neuer Aufschwung, durch den die Firma sich aufs andere Extrem verlegen konnte – die Herstellung luxuriöser Super-Bären."

LINKS: An einem Modell von 1950 ist erkennbar, daß Steiff sich nun ganz dem klassischen Teddy-Stil zugewandt hatte. Im Vergleich zu früheren Bären hat er kürzere Glieder, breitere Pfoten, kaum einen Buckel, einen runderen Kopf und eine viel kürzere Schnauze.

RECHTS: Moderne Zeiten: Steiffs Musikbär von 1992 spielt – was auch sonst – „Das Teddybären-Picknick". Mit großen braunen Augen und gemalten Augenlidern im herzförmigen Gesicht hat er sich von den naturalistischen Bären der Frühzeit weit entfernt.

UNTEN LINKS UND RECHTS: In den 80er Jahren schloß sich der Kreis, als Steiff ins Archiv schaute, um Nachbildungen kostbarer alter Bären anbieten zu können. Dicky (unten links, 1985) ahmt einen strahlenden Bären von 1930 mit schmuck bemalten Ballen nach. Der nachziehbare Babybär auf Rädern (1989) mit Schellen an den Pfoten entspricht einem Vorbild von 1939.

GEBRÜDER HERMANN

„Guck mal!“ ruft Wuschel. „Die jüngeren Hermann-Bären tragen ein Schildchen! Dann kann ich sie wenigstens erkennen.“

Ein Hurra für Hermann!
„Das scheint ja wieder eine wichtige Familie zu sein“, sagt Wuschel. – „So ist es“, bestätigt Onkel Brummi. „Auch die Hermann-Bären sind eine deutsche Sippe mit langer, glorreicher Vergangenheit. Die Geschichte beginnt 1907 in Johann Hermanns Spielzeugfabrik in Sonneberg. In weiser Voraussicht setzte Johann nicht nur prächtige Bären, sondern auch Nachkommen in die Welt, die seine Tradition fortsetzten – bis jetzt über drei Generationen und vier verschiedene Firmen, die von dem einen oder andern Zweig der Familie Hermann gegründet wurden. Nach dem 2. Weltkrieg verlegte Johanns Sohn Bernhard, um dem kommunistischen Regime zu entgehen, die Fabrik nach Hirschaid in der amerikanischen Besatzungszone; dort gelangte die Firma Gebrüder Hermann zu großem Ruhm in der Bärenbranche. Es war ein echtes Familienunternehmen. Bernhard, seine Frau Ida und vier Söhne (von denen einer jung verstarb) verhalfen ihren Bären zu wachsendem Ansehen. Heute wird ihr Erbe von Bernhards Enkelinnen verwaltet. Die ersten Hermann-Bären hatten große Ähnlichkeit mit ihren Verwandten von Steiff. Da sie nur ein angebundenes Papierschildchen trugen, das leicht verlorenging, können sie von Steiff-Bären sogar schwer zu unterscheiden sein. Beide Marken sind aber sehr begehrt, so daß das fehlende Etikett diesen klassischen Bären nicht viel ausmacht!“ – „Also nicht nur Rasse, sondern auch Klasse“, folgert Wuschel.

GANZ LINKS UND MITTE: Ein Bär der 30er Jahre in goldenem Mohair; er hat die runde, aufgesetzte Schnauze, die für diese Firma typisch ist. Mit seinen abgewetzten Ballen ist er in wesentlich lädierterem Zustand als sein Cousin aus den 40er Jahren (mit Melone), der Pelz und Filz gut hinübergerettet hat!

LINKS: Zwei Hermann-Bären der 50er Jahre (einer davon ein Zotty) haben sich ausnahmsweise die ursprünglichen metallenen Hängeschildchen bewahrt.

1911-1929

Hermann-Bär, 30er Jahre
Ein prachtvoller Hermann-Bär, ganz in Gedanken vertieft, träumt sicher von längst vergangenen Zeiten (und Schildchen).

SCHNAUZE *Lang und spitz wie bei seinen Steiff-Verwandten; bei näherem Hinsehen zeigt sich jedoch, daß sie etwas kürzer und gerundeter ist als bei Steiff-Bären. Nützlich für die Unterscheidung ist auch, daß Hermann-Bären oft eine aufgesetzte Schnauze aus anderem Stoff haben, die zum übrigen Material in auffälligem Kontrast stehen kann.*

NASE UND MUND *Mit schwarzem Faden gestickt. Die Nase ist dreieckig und horizontal gestickt. Der Mund weist die herkömmliche Form des umgedrehten Y auf, das zu einem zaghaften Lächeln leicht geschwungen ist.*

OHREN *Klein, halbkreisförmig und aus zwei Teilen geschnitten: hinten spitzengefärbter Mohair, vorn Kurzflor- oder gestutzter Mohair*

OBEN: Die enge Verwandtschaft ist offensichtlich: rechts ein Bär der 30er Jahre, links der große Bruder, der etwa dem Jahrgang 1925 angehört.
OBEN MITTE: Das Hermann-Schildchen von heute

ARME UND BEINE *Relativ kurz; an der Pfote weniger geschwungen als bei früheren Bären; auch die Füße sind kleiner.*

BALLEN *Oval und aus cremefarbenem Filz. Die drei an den Ballenrand gestickten Klauen sind ein gemeinsames Merkmal der Hermann-Bären.*

RUMPF *Untersetzt, mit deutlichem Buckel. Hermann-Bären ist das Fehlen von Seitennähten gemeinsam; statt dessen finden wir vorn und hinten eine Rumpfmittelnaht.*

1930-1939

1940-1951

ab 1952

Hermanns Hängeschildchen, hier chronologisch aufgereiht, waren nicht auf Haltbarkeit angelegt; sie gingen meist verloren. Genau wie der Qualitätsruf der Firma hat sich die „Teddy"-Marke im Lauf der Jahrzehnte kaum verändert.

PELZ *Mohairplüsch in Beige mit zimtfarbenen Spitzen; so entsteht eine feine Doppeltönung, die aber hier in weiten Teilen etwas abgenutzt ist. Der Kurzflorplüsch der Schnauze kontrastiert durch eine warme Cremeschattierung.*

„Schule? Nein, danke!" schreit Wuschel. „Ich halte mich lieber an den Geschichtsunterricht meines lieben Onkels Brummi! Bei dem macht es viel mehr Spaß!"

OBEN: Es hat geschellt! Sechs kleine Bären in der „Nostalgischen Bärenschule" warten artig auf die Weisheiten ihres Lehrers. Die zauberhafte Miniklasse ist eine Sonderanfertigung in begrenzter Auflage zur Feier des 75. Jubiläums der Firma.

RECHTS: Ist Max ein moderner Bär? Nicht ganz. Er gehört zum Jahrgang 1992, entspricht aber einem Design der 30er Jahre und wurde in begrenzter Auflage von 500 Stück hergestellt. Der Mohair ist auf antik getrimmt, die Ballen sind aus Velourserersatz, und knurren kann er auch.

RECHTS AUSSEN: Sein braunhaariger Freund entstand ebenfalls 1992, aber in modernem Design. Er weist jedoch die typischen Familienmerkmale auf: spitzengefärbten Mohair, gerundete Schnauze und lange, ausgeprägte Glieder.

Man geht mit der Zeit

Die Firma Hermann ist der modernen Nachfrage nach Sammelobjekten reichlich entgegengekommen. Seit Anfang der 80er Jahre hat sie eine Vielfalt an Bären in begrenzter Auflage hergestellt. In diese Kategorie fallen neue Designs, die bei amerikanischen Bärenkünstlern in Auftrag gegeben wurden, ein Jubiläumsbär zur Feier des 75. Geburtstags der Firma im Jahre 1982 und sorgfältig nachgebildete Klassiker. Hermanns nostalgische Bären haben Mohairplüsch, Holzwollfüllungen und handgenähte Nasen wie ihre Vorfahren.

LINKS: Das ist mal ein wirklicher Oldtimer. Sein Schaffell erinnert an den Mohairmangel von 1940.

SCHREYER & CO. (SCHUCO)

Ein Händeschütteln – oder Kopfschütteln – mit Schuco
„Nimm deine klebrige Nase aus dem Honig, Kleiner“, raunzt Onkel Brummi. „Wenn du Spaß haben willst, dann besuch mit mir die Familie Schuco, die beste Unterhaltung garantiert. Die Schuco-Story begann 1912, als Heinrich Müller und Heinrich Schreyer die Firma Schreyer & Co. gründeten, um mechanisches Spielzeug herzustellen. Müller hatte bei den Gebrüdern Bing gearbeitet; kein Wunder also, daß die neue Firma bald Bären zu produzieren begann, die (nach den Anfangsbuchstaben des Firmennamens) als ‚Schuco‘-Bären vertrieben wurden. Sehr erfolgreich waren Bären, die man mit einem Schlüssel aufzog, um sie marschieren, Purzelbäume schlagen oder Fußball spielen zu lassen. Der Schlüssel ging aber leicht verloren; ein Schuco-Bär, der seinen Schlüssel noch hat, ist daher Gold wert! Diese Bären sind mit ihren niedlichen, an Bing erinnernden Gesichtszügen auch sehr attraktiv, wenngleich die nichtmechanischen Teddys von Schuco ganz anders aussehen: breitere Köpfe, größere Augen und Ohren, längerer Mohair. Der berühmte, patentierte Ja/Nein-Bär, der 1921 eingeführt wurde, nickt oder schüttelt den Kopf, je nachdem, wie man den Schwanzhebel betätigt. Schuco-Bären sind begehrte Sammelobjekte – von den Rollschuhbären bis zu den späteren doppelgesichtigen Bären mit austauschbaren Köpfen.“

LINKS: Zwei Leckermäulchen, die marschierend an ihrem Lutscher schlecken, wenn sie aufgezogen sind

RECHTS: Ein seltener Ja/Nein-Bärenpage von Schuco mit festgenähter Uniform trägt noch immer seine rote Mütze, die Ledertasche und sogar das Papierschildchen.

Schuco-Bär, 50er Jahre
Ein Ja/Nein-Musikbär, eine Schuco-Rarität aus den 50er Jahren. Wegen des niedlichen Gesichtsausdrucks und der entzückenden Hängepfoten werden solche Ja/Nein-Bären der Nachkriegszeit von Sammlern tatsächlich höher bewertet als ihre älteren Vorfahren.

KOPF *Breit und etwas nach hinten geneigt. Die süße Spitzschnauze, weit hinten am Kopf angebrachte Ohren und der große Augenabstand erzeugen ein bezauberndes Flair kindlicher Unschuld und Neugier.*

NASE *Die Nase ist aus schwarzem Kunststoff geformt, der Mund hingegen auf herkömmliche Weise mit schwarzem Faden als umgekehrtes T gestickt.*

AUGEN *Große, runde Glasaugen, bernsteinfarben mit schwarzen Pupillen; sie sind auf den mittleren Gesichtsnähten angebracht.*

RUMPF *Plump und kuschelig, mit stark reduziertem Buckel. Mit dem Schlüssel auf der Brust läßt sich die eingebaute Schweizer Spieldose aufziehen.*

RECHTS: Unser Held würde sich nicht träumen lassen, auf seinen kleinen Cousin geringschätzig herabzublicken, denn genau wie er ist diese Mini-Ausgabe der 30er Jahre ein Ja/Nein-Bär mit dem berühmten Schwanzmechanismus.

ARME *Kürzer als bei früheren Bären, mit einer gefälligen bittenden Geste aufgrund der gesenkten Pfoten, wie Schuco sie bevorzugte. Die breiten Pfoten haben beige Filzballen und vier in schwarzem Garn über den Plüsch gestickte Klauen.*

BEINE *Ziemlich kurz und dicklich, mit großen Füßen. Der Filz der Fußballen ist auf der Innenseite mit steifem Karton verstärkt, so daß der Bär stabil stehen kann.*

SCHWANZ *Der Stummelschwanz fungiert als Hebel, um einen zum Halsgelenk hinaufreichenden Metallstab im Rumpf zu bewegen. So kann der Bär nicken oder den Kopf schütteln bzw. zur Seite wenden.*

SCHREYER & CO. (SCHUCO)

Bären für jeden Bedarf
„Was treibst du bloß?" regt Onkel Brummi sich auf, als Wuschel seinen Koffer durchwühlt. – „Ich suche nach Requisiten, damit ich mich als Artist unter die Schuco-Bären mischen kann!" – „Ich fürchte, ohne den geeigneten Mechanismus bist du im Schuco-Varieté das fünfte Rad am Wagen", hält Brummi ihm vor. „Aber keine Sorge! Nicht alle Schucos erobern die Herzen durch Kunststücke. Viele von ihnen sind schlichte, rechtschaffene Bären wie wir."

UNTEN LINKS UND RECHTS: Nichtmechanische Schucos wie dieser zimtfarbene Bär der 30er Jahre und der goldgelbe 40er-Teddy haben breite Köpfe, große Augen, große Ohren und langen Mohair.

UNTEN MITTE: Zum Vergleich die niedlicheren Züge und das kürzere Fell mechanischer Bären (zwei Ja/Nein-Brüder)

UNTEN RECHTS: Reizender Bär der 40er Jahre, der noch bestens in Schuß ist. Typische Merkmale der Schucos aus jener Zeit sind große Ohren, die aufgesetzte Schnauze, klare Glasaugen, geschorener Mohair an Schnauze und Pfoten sowie ein Nasenstil, der an Bing-Bären erinnert, senkrecht gestickt mit einer Verlängerung zu beiden Seiten.

SCHREYER & CO. (SCHUCO)

UNTEN: Modelle der 50er Jahre im Wandel der Nasenmode. Trotz der Abnutzung erkennt man links noch die senkrecht gestickte Nase mit langen Endstichen. Die ebenfalls senkrecht gestickte Nase des mittleren Bären ist dreieckig, während beim rechten Bären die Nase waagerecht gestickt ist.

LINKS UND LINKS AUSSEN: Anfang der 50er Jahre wurden die Ja/Nein-Bären als „Tricky"-Bären vermarktet; der Eiersammler trägt noch die Namensplakette. Der Schulknabe zur Rechten ist unter der Kleidung ganz schlicht mit Stoff bezogen: eine Sparmaßnahme, als der Mohair knapp war.

RECHTS: Trotz seines Hangs zur Mechanik ist der zweifarbige Teddy aus den 50er Jahren, der sich hier an seinem Auto zu schaffen macht, kein mechanischer Bär. Das Etikett fehlt, aber mit seinen Schuhknopfaugen und den recht kleinen Ohren wird er von Fachleuten der Schuco-Familie zugerechnet.

SCHREYER & CO. (SCHUCO)

MINIATURBÄREN

Großartige kleine Bären

„Den größten Ruhm erwarb sich Schuco vermutlich durch seine Miniaturbären", fährt Brummi fort. – „Solche wie mich?" fragt Wuschel. – „Nein, viel kleiner. Es begann 1924 mit der Piccolo-Kollektion, gerade mal 6 cm großen, gelenkigen Winzlingen, die jedoch vom Charakter ihrer großen Brüder nichts vermissen ließen. Im Innern hatten sie ein Metallgerippe, und ihr Mohair war gründlich geschoren, so daß das Fell der Körpergröße entsprach. Die entzückenden Minibären wurden ein Riesenerfolg; bald kamen winzige Versionen des Ja/Nein-Bären und Handtaschenbegleiter mit verborgenen Parfümfläschchen oder Puderdosen hinzu. Um 1930 waren sie dann etwas größer, bis zu einer Länge von 7,5 cm." – „Bezaubernde Kerlchen – wie ich", folgert Wuschel.

LINKS UND UNTEN: Diese Kameraden im Westentaschenformat können überallhin mitkommen. Der Bär zur Linken (30er Jahre) trägt sogar Stiefel, während seine drei Artgenossen (unten, Anfang der 30er Jahre) sich in ihrem Eimerchen ganz wohl fühlen. Man beachte die Farbauswahl: Schuco-Miniaturen gab es in Gold, Rot und Lila.

Nicht nur die Großen können Kunststücke vorführen! Der 10 cm große Winzling schlägt, wenn er aufgezogen ist, eine Reihe Purzelbäume. Er ist ein Produkt der 20er und 30er Jahre, aber eine „unbekleidete" Version wurde bis in die 60er Jahre weiter hergestellt.

SCHREYER & CO. (SCHUCO)

RECHTS UND LINKS: Die Schuco-Miniaturen hatten teilweise einen verborgenen Nutzeffekt; die beiden Modelle der 30er Jahre sind ein gutes Beispiel. Schraubt man dem lila Bären den Kopf ab, treten Puderdose und Lippenstift zutage. Verliert das goldene Kerlchen den Kopf, zeigt sich der Hals eines eingebauten Parfümfläschchens. Schuco stellte auch einen Bären mit Marmeladenbehälter her.

LINKS: In den 20er Jahren hatten die Miniaturen winzige Filzpfoten und -füße. Die Glieder späterer Modelle enden stumpfartig. Pfoten mögen bei diesem Maßstab problematisch sein, doch in den Gesichtern ist immer noch Raum für schwarze Knopfäuglein, das gestickte Näschen und Mäulchen – und viel Keckheit.

UNTEN: Eine Familiengruppe der 30er Jahre in Größen von 14 bis 18 cm; man erkennt ein neues Design mit längerer Nase und breit abgesetzten Ohren.

RECHTS: Drückt man dieses Kerlchen, so kann man ein duftendes Wunder erleben! Aus dem Zerstäuber im plumpen Rumpf versprüht es nämlich Parfüm durch den Mund. Ein Metalldeckel an der Unterseite verschließt die Nachfüllöffnung.

GEBRÜDER BING

Vom Küchengeschirr zu Bären

„Rate mal, Wuschel!" ruft Onkel Brummi. „Wann wird aus einer Kasserolle ein Teddybär?" – „Ein Ding der Unmöglichkeit!" brummelt Wuschel. – „Ein Ding von Bing", schmunzelt Brummi. „Die Gebrüder Bing brachten dieses Kunststück jedenfalls fertig. Die 1865 gegründete deutsche Firma stellte zunächst metallenes Küchengeschirr her. Die Ausweitung ihres Angebots führte sie im Lauf der Jahre über Blechspielzeug, Spielzeug-Herde und -Nähmaschinen bis hin zu wundervollen aufziehbaren Zügen und Schiffchen. Sie gingen natürlich mit der Mode und nahmen Stofftiere ins Angebot auf; und nach der Jahrhundertwende brachten sie ihre ersten Teddybären heraus, die noch dem Vorbild der Firma Steiff folgten. Doch 1909 (als die einstigen Eisenwarenhersteller mittlerweile zum größten Spielzeugproduzenten der Welt avanciert waren) ging Steiff gerichtlich dagegen vor, daß Bing das berühmte Warenzeichen, den Knopf im Ohr, nachahmte. Bald begann Bing seine große Erfahrung mit mechanischem Spielzeug in der Teddyproduktion nutzbar zu machen. So entstanden Bären zum Aufziehen, Bären, die gehen, klettern, Rollschuh laufen, Ball spielen oder Purzelbäume schlagen konnten. Bei Steiff jedoch gab es ebenfalls einen ‚Purzelbären', worüber es wieder zum Prozeß kam. Bing spezialisierte sich auch auf farbenfroh kostümierte Bären. 1932 ging die Firma bankrott; ihre Bären sind heute unter Sammlern heiß begehrt." – „Einen Bing muß man haben", folgert Wuschel.

LINKS: Die „Bing Boys" sind etwa Jahrgang 1912 (rechts), 1914 (vorn links) und 1915 (hinten links).

RECHTS: Der erstaunliche Akrobat, einer der berühmten aufziehbaren Bing-Bären. Obwohl er bereits um 1910 entstand, kann er immer noch seine Kunststücke vollführen, wenn man ihn am linken Arm aufzieht.

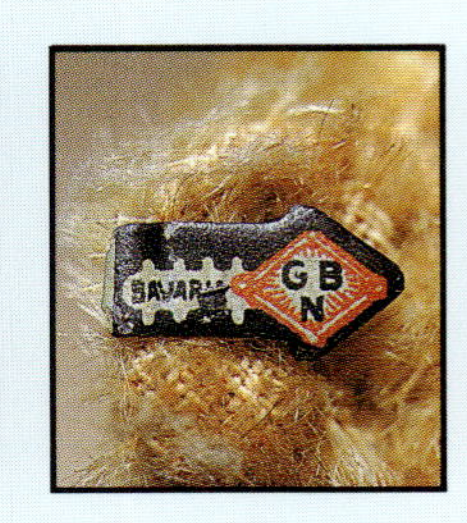

VON LINKS NACH RECHTS: Bing-Etiketten in chronologischer Folge, angefangen beim Knopf im Ohr, auf den Bing seit 1909 verzichten mußte. Als nächstes kam ein pfeilförmiges Schildchen, dann ein Knopf unterm Arm (orange und weiß wie hier oder mit dem Zeichen „GBN"). Das letzte Etikett in unserer Reihe wurde seit 1919 verwendet.

GEBRÜDER BING

Bing-Bär, 1912

Ohne den Erkennungsknopf läßt sich ein Bing leicht mit einem Steiff verwechseln – aber ein echter uralter Bing kann ohne weiteres seltener und auch wertvoller sein. Bei diesem Bing-Bär von 1912 ist das kostbare Knopfzeichen fest unter dem Arm angebracht; Steiff hat allerdings das Alleinrecht auf die Bezeichnung „Knopf“ geltend gemacht.

OHREN *Klein, gefällig, gerundet und weit auseinander; so tragen sie zu den niedlichen Zügen dieser Familie ihren Teil bei.*

AUGEN *Graublaues Glas, mit Drahtschlaufen unmittelbar außerhalb der Gesichtsnähte befestigt*

SCHNAUZE *Lang wie bei seinen Zeitgenossen von Steiff, aber doch etwas stumpfer und abgeflachter. Der Mohair ist an der Schnauze kurzgeschoren.*

BUCKEL *Stark reduziert, so daß ein puppenähnlicher, fast gerader Rücken entsteht, wenngleich die frühesten Bing-Bären einen von Steiff abgeschauten deutlichen Buckel hatten. Der Rumpf ist ziemlich lang und schmal.*

UNTEN: Jetzt will sich unser Studienobjekt nicht mehr begutachten lassen, sondern spazierengehen! Sein aus den 20er Jahren stammender Begleiter zeigt die Weiterentwicklung des Bing-Stils: größere Ohren, längere Schnauze und ein breiteres Lächeln, das durch längere Mundstiche entsteht.

ARME UND BEINE *Beide sind lang (vor allem die Arme) und verjüngen sich etwas. Die langen Pfoten und großen Füße haben beige Filzballen. Die Klauen sind im selben Rostbraun gestickt wie die Nase.*

NASE *Bing-Nasen haben meist etwas Besonderes; dies ist ein typisches Design. Die Ränder der senkrecht in Rostbraun gestickten Nase sind doppelt eingefaßt, während fünf Mittelstiche sich nach unten zum schlichten umgedrehten V-Mund verlängern.*

Bingo – wer zuletzt lacht
Wer könnte Bingos sanftem Zauber und niedlichem Ausdruck widerstehen? Tja, sein erster Besitzer brachte das fertig. Bingos Träume von liebevoller Zuwendung zerplatzten Anfang der 20er Jahre, denn der schäbige alte Bär, dem er zugesellt wurde, war aus dem Kinderherzen nicht zu verdrängen. Doch 70 Jahre später erwies sich das stille Mauerblümchendasein als Vorteil. Sein Fell war noch bestens in Schuß, die Filzballen kaum abgetragen, alle Klauen vorhanden, und sogar brummen konnte er noch. Heute ist er als verwöhnter Pensionist äußerst kostbar.

LINKS: Nur wenige Jahre liegen zwischen diesen beiden Bings, aber was für ein Stilwandel! Der weiße Teddy (ca. 1915) unterscheidet sich durch das zierlichere Gesicht früherer Modelle deutlich vom braunen Gefährten (ca. 1918) mit der langen Nase und den großen Ohren.

GEBRÜDER BING

„Ich sehe was, was du nicht siehst", frohlockt Wuschel, „und es beginnt mit B!" – „Bär? Bing? Brummi?" rätselt sein großer Begleiter. – „Aber nein! Eine Brumm-Brigade!" kichert Wuschel.

LINKS: Ein freundlich winkender Bär (Anfang der 20er Jahre). Auffällig ist das herrliche dichte Fell. Bing bevorzugte in den 20ern diesen längeren Mohair.

LINKS: Die entzückenden Zwillinge lebten seit 1919 bei derselben Familie, bis ein findiger Sammler sie vor kurzem erwarb.

RECHTS: Big Bill, ein stattlicher Riese (61 cm) der 20er Jahre, demonstriert den ungewöhnlichen, aber wirkungsvollen Stil, in dem die Firma Bing ihre Bärennasen gern stickte.

DER DEUTSCHE STAMMBAUM

Tatzenspuren im Sand der Zeit
„Zu den wichtigsten Seiten unseres Familienalbums zählt der Abschnitt über den deutschen Zweig", erklärt Onkel Brummi. „Das sind Bären, die der Geschichte ihren Stempel aufgedrückt haben. Wer weiß, ohne die deutschen Hersteller wäre die amerikanische Begeisterung für Teddybären vielleicht ebenso schnell abgeklungen wie das Interesse an Billy Possum und anderen Möchtegern-Helden."

1904

Wenn Wolfgang zum Bogen griff, waren alle gerührt.

„Faszinierend ist, wie wenig sich in neunzig Jahren deutscher Bärengeschichte die Grundzüge des Teddys gewandelt haben", doziert Brummi. „Schon der Urahn Wolfgang von 1904 ist eindeutig ein Teddybär – kein Vergleich zum naturalistischen Spielzeugbären früherer Zeiten. Erst in der zweiten Hälfte des Jahrhunderts lassen sich einige markante Veränderungen feststellen, da unsere jüngsten Verwandten offenbar mit größerem Selbstbewußtsein an ihrem knuddligen Erscheinungsbild gearbeitet haben."

20er

Für den Fotografen hat Fritz sein bestes Hemd und eine neue Krawatte angelegt.

20er

Helmut, mit Weste und schmaler Krawatte ausstaffiert, war ein ziemlich rauher Geselle.

40er

Der gute alte Onkel Ludwig mit seiner treuen Wärmflasche und einem kleineren Begleiter.

50er

Teddybursche Hans beim Kopfsprung ins Glück; er ist nämlich verliebt in eine junge Dame...

50er

... und hier ist sie, die liebliche Frieda, mit dem Hütchen, das sie vom Verehrer bekam.

60er

Johanns Lächeln zeigt das Feeling der Flower-Powerzeit.

1907
Kurt kam zu spät, um bei Roosevelts freiwilliger Kavallerie mitzumachen, aber er träumt davon!

1910
Mit hoch erhobenem Näschen blickt Erich auf Bären herab, die nicht zur Familie Bing gehören.

20er
Sehnsüchtig erinnert sich Dieter an seine fröhliche Kindheit.

1937
Der lustige, aber verdammt ironische Gunther war ein echter Partylöwe.

30er
Vetter Reinhard war ein Held der Rennbahn – und ein Rowdy auf der Autobahn.

40er
Otto fröstelt immer so, deshalb konnte er für sein Foto auf Wollmütze und Schal nicht verzichten.

40er
Gretel war eine gute Gesellschafterin, über jedes Thema zu einem Plausch bereit.

70er
Der hochnäsige Konrad hat eine vornehme Ausbildung genossen. Er liebt edle Krawatten.

80er
Der kleine Franz ist gerade alt genug, um all seine Verwandten einmal getroffen zu haben.

1990
Der hochmoderne Bertold liebt Mode, Frisbee-Spielen und Angeln.

1992
Das putzmuntere Bärenbaby Kiri brennt darauf, alle Verwandten kennenzulernen.

FLIEGENDE BÄREN

Fliegende Bären in tollkühnen Kisten
„Was guckst du denn?“ fragt Onkel Brummi. – „Nach dem Flugzeug da oben!“ kräht Wuschel. „Ich wünschte, ich könnte fliegen!“ – „Das ginge vielleicht. Wir haben mehrere Piloten in der Familie.“ – „Ich würde mich wild durch die Lüfte schwingen!“ ruft der tollkühne Sprößling.

UNTEN: Heißa, endlich wieder hinauf in die Wolken! Sopwith schwingt sich nach 75 Jahren zum erstenmal wieder ans Firmament.

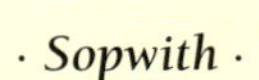

· *Sopwith* ·

Leutnant Arthur Turnbull vom Königlichen Fliegerkorps starb 1917; sein treuer Bär Sopwith war damit auf den Erdboden verbannt. Ein dreiviertel Jahrhundert später durfte Sopwith wieder fliegen – in einem „Tornado“! Diesen Glücksfall verdankte er der Tatsache, daß die Treble-One-Staffel der britischen Luftwaffe gerade ihr 75jähriges Jubiläum feierte.

FLIEGENDE BÄREN

· Quentin ·

Ein Bär am Himmel! Der amerikanische Luftfahrtpionier Quentin (unten) begann seine Fliegerkarriere um 1912. Als engagierter Republikaner trug er natürlich eine Roosevelt-Wahlplakette und eine Elefantenbrosche. Aufmerksam verfolgte er den Werdegang seines Namensvetters Quentin, Roosevelts Sohn, der ebenfalls ein furchtloser Flieger war. Nachdem Quentin Roosevelt aber bei einem Flugunfall ums Leben gekommen war, brachte der treue Bewunderer es nicht über sich, wieder ins Cockpit zu steigen. Er hat sich jedoch in neuerer Zeit überreden lassen, als Passagier in einer Concorde mitzufliegen – mit Überschallgeschwindigkeit!

· Chiefy Fraser ·

Oberfeldwebel Fraser Bear (für seine Freunde „Chiefy", oben) diente als Maskottchen der Mechaniker, die im 2. Weltkrieg bei Drem britische Flugzeuge warteten. Nach dem Krieg kehrte er ins Zivilleben zurück und fand eine Stelle bei einer bedeutenden Maschinenbaufirma. Für seine Glatze macht er den Leistungsdruck verantwortlich, der ihn angeblich um den Mohair gebracht hat. Er genießt jetzt seinen wohlverdienten Ruhestand.

ABENTEUERBÄREN

Ein Leben in Gefahr!
„Um ein abenteuerliches Bärenleben zu führen, braucht man weder in den Krieg zu ziehen noch in See zu stechen“, meint Onkel Brummi.
„Wir haben eine Menge Pioniergeist. Wir gehen mit, wohin auch immer das Schicksal unsere Besitzer verschlägt, und harte Zeiten stehen wir prima durch.“ Von harten Zeiten hält Wuschel nicht so viel. „Na, wenn die Abenteuer nicht überhandnehmen“, meint er. „Ich möchte nicht bei den Mohair-Chirurgen landen!“

LINKS: Donald Campbells Tochter Gina teilte die Tempofaszination ihres Vaters und ihres Großvaters Malcolm, des „schnellsten Mannes der Erdoberfläche“. Mr. Whoppit spricht ihr hier für ihren eigenen Versuch Mut zu, 1985 den Welt-Geschwindigkeitsrekord zu Wasser zu brechen.

· Mr. Whoppit ·
Mr. Whoppit (links), die Verkörperung einer Cartoon-Figur, war ein beliebter Bär der 50er Jahre. Als Begleiter Donald Campbells, der weltweit den Geschwindigkeitsrekord zu Wasser und zu Lande hielt, führte er ein rasantes Leben. Treu bis in den Tod, war er auch beim letzten Rekordversuch dabei, als Campbells Boot Bluebird zerschmettert wurde. Den Bären rettete seine leichte Kapokfüllung; er schwamm obenauf. Die Leiche seines Herrn hingegen wurde nie gefunden. Campbells Rekorde wurden später übertroffen, aber Mr. Whoppit behält den Titel „schnellster Bär der Welt“.

OBEN: Gatti, ein nur 15 cm großer Bing-Bär, überlebte 1912 irgendwie den Untergang der Titanic, während sein Besitzer, Gaspare Luigi Gatti, mit über 1500 anderen Menschen den Tod fand. Zum 80. Jahrestag der Katastrophe brachte Merrythought in begrenzter Auflage eine Nachbildung des Titanic-Bären heraus.

· Stanley ·

Wie sein Namensvetter, der große Forschungsreisende, ist Stanley weit herumgekommen. Nach einer Rundreise durch Europa und sage und schreibe sieben Ägyptenfahrten machte ihm aber die Gesundheit zu schaffen; er setzte sich in England zur Ruhe, um sich reparieren zu lassen und gemächlich von fernen Ländern zu erzählen.

· Fluffy ·

Fluffy hat zwar London nie verlassen, aber sein Abenteuer ist vielleicht das merkwürdigste. Man liest manchmal Berichte über das Heimkehrvermögen von Hunden und Katzen, die über Hunderte von Kilometern ihren Besitzer ausfindig machen. Ein Teddybär hat es da schwerer, aber er fand tatsächlich durch das Labyrinth der Großstadt nach Hause! Seine erste Besitzerin im nördlichen London, über Teddys hinausgewachsen, hatte ihn zum Basar geschickt. Nun wohnte er eine Weile in der City, landete aber Jahre später wieder bei diesem umherziehenden Basar. Er brachte es irgendwie fertig, sich am anderen Ende der Stadt verkaufen zu lassen. Seine ursprüngliche Besitzerin fand ihn dort wieder, erkannte die schiefen Gesichtszüge und kaufte ihn zurück. Nun ist er wieder bei ihr, und wie wehmütig er auch dreinzuschauen scheint, er hat doch endlich sein Glück gefunden.

ENGLISCHE TEDDYBÄREN

Wie die Bären nach Großbritannien zurückkehrten

„Bauen wir einen Sandbären!" schreit Wuschel. – „Gute Idee", meint Onkel Brummi. „Hoffentlich reißt ihn niemand ein." – „Dann bekäme er den ersten wilden Bären zu sehen, den es auf dieser Insel seit tausend Jahren gegeben hat!" droht Wuschel. Onkel Brummi, der sich gerne knurren hört, entschließt sich, lieber erst einmal einen Vortrag zu halten: „Wie du schon sagst, sollen die letzten wilden Bären in Großbritannien um 1000 n. Chr. in Schottland gelebt haben. Dann gab es keine einheimischen Bären mehr, bis um 1908 die ersten britischen Teddys auftauchten. Deutsche Teddys, meistens von Steiff, wurden aber schon vorher importiert. Ihr Mohairplüsch stammte aus englischen Fabriken und wurde deshalb oft ‚Yorkshire-Tuch' oder einfach ‚Teddybär-Tuch' genannt. Nun hatte ja England seinen eigenen berühmten ‚Teddy', nämlich den beliebten König Eduard VII; dies mag die britischen Spielzeughersteller angeregt haben, ebenfalls Bären auf den Markt zu bringen. Die Londoner Firma J. K. Farnell & Company soll 1908 mit einem gelenkigen Mohairplüsch-Bären den Anfang gemacht haben. Leider verzichteten zunächst die meisten britischen Hersteller auf ein Etikett, so daß diese seltenen Bären schwer zu bestimmen sind." – Wuschel seufzt. „Können wir jetzt unseren Sandbären bauen?"

OBEN RECHTS: Der kleine Bär in der Schachtel ist etwa Jahrgang 1917.
LINKS UND OBEN RECHTS: Beliebte Postkarten zeigten Teddys in vielen Rollen und Posen, z. B. als Golfspieler oder Fahnenträger.
RECHTS: Miss Nightingale, der älteste nachweislich britische Teddy, stammt aus dem Jahr 1912. Der Trommler ist ein Produkt der Firma Merrythought, die zu den bekanntesten britischen Herstellern gehört.

ENGLISCHE TEDDYBÄREN

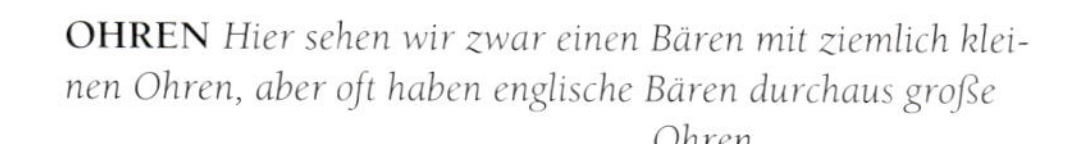

OHREN *Hier sehen wir zwar einen Bären mit ziemlich kleinen Ohren, aber oft haben englische Bären durchaus große Ohren.*

Alter englischer Bär

Die britischen Bären von Anno dazumal sind bei weitem nicht alle gleich, aber einige gemeinsame Züge herrschen vor. Britische Teddys hatten gewöhnlich kürzere Glieder (vielleicht um Stoff zu sparen), und es fehlt ihnen der deutliche Buckel, den zeitgenössische deutsche und amerikanische Bären meist aufweisen.

NASE UND MUND *Das eingerahmte Foto (rechts) läßt gut erkennen, daß dieser Bär eine recht kleine Nase hat; bei ihm ist sie senkrecht gestickt (wenngleich quergestickte Nasen ebenfalls üblich waren), und der Mund hat die Form eines umgedrehten V.*

OBEN: Auf dem kleinen Foto sind Nase und Mund des Bären deutlich zu sehen. Sie sind ganz schlicht auf einen großen, runden Kopf gestickt, der ebenfalls als gemeinsames Merkmal britischer Teddys festzuhalten ist. Die Augen sind aus Glas. Einige britische Hersteller bevorzugten Glas oder Metall gegenüber den traditionellen Schuhknopfaugen.

ARME *Der typische britische Teddybär hat eindeutig kürzere und geradere Glieder als seine deutschen und amerikanischen Artgenossen. Die Arme des hier abgebildeten Bären sind fast gar nicht gekrümmt. Für die Ballen an Pfoten und Füßen wurde das Lederimitat Rexin verwendet (eine Art Öltuch).*

RUMPF *Der Rumpf englischer Bären ist typischerweise pummeliger als der seiner deutschen oder amerikanischen Verwandten. Der Buckel ist entweder klein oder fehlt ganz. Der Pelz dieses Bären besteht aus Mohair – vermutlich englischen Ursprungs. Sein tiefes Knurren hat er sich bewahrt.*

BEINE *Nicht nur die Arme, sondern auch die Beine dieses Bären sind ausgesprochen kurz. Die Füße sind aber stärker ausgeformt als bei einigen früheren englischen Teddys.*

ENGLISCHE TEDDYBÄREN

Modeartikel und Kriegsbären

1909 waren Teddybären in England schon so beliebt, daß viele Londoner Geschäfte sie mit großem Aufwand im Schaufenster ausstellten. Sie wurden zum modischen Zubehör: Schicke Damen trugen Bären, manchmal sogar in Form kostbarer Schmuckstücke. Bären erschienen auf Postkarten, in Büchern und als Anhänger für die Windschutzscheibe. Der 1. Weltkrieg beendete bis auf weiteres die Einfuhr deutscher Teddybären; ohne den tragischen Konflikt beschönigen zu wollen, kann gesagt werden, daß die britische Stofftierbranche naturgemäß aufblühte. Durch den Zusammenschluß vieler kleinerer Firmen aus jener Zeit entstanden in den Nachkriegsjahren einige große britische Hersteller, u. a. Chad Valley, Merrythought und Pedigree.

LINKS: Ein britischer „Notbär" aus der Zeit des 2. Weltkriegs. Als Sparmaßnahme wurde statt des herkömmlichen Fellgewebes für den Rumpf und die Glieder gewöhnlicher Stoff verwendet. Eigentlich sollte der Bär eingekleidet sein.

UNTEN: Der gewaltige Kuschel-Club ist die Sammlung Peter und Francis Fagans von der Colour Box Miniatures Ltd., die im Grenzgebiet Schottlands wohnen. Sie stellen aus Ton Miniaturmodelle ihrer Bären her.

ENGLISCHE TEDDYBÄREN

Mohairplüsch, der Standardwerkstoff für Teddybären, entstammte hauptsächlich britischer Produktion. Zusätzlich förderten britische Hersteller in den 20er Jahren die einheimische Industrie (oder damals die des Britischen Reichs), indem sie als Füllmaterial für Teddys Kapok einführten, die weiche Samenfaser des tropischen Kapokbaums. Statt der härteren, schwereren Holzwolle (schmale, gekräuselte Holzspäne) verwendete man in Großbritannien als Rumpffüllung Kapok, während der Kopf manchmal weiterhin mit der besser modellierbaren Holzwolle ausgestopft wurde.

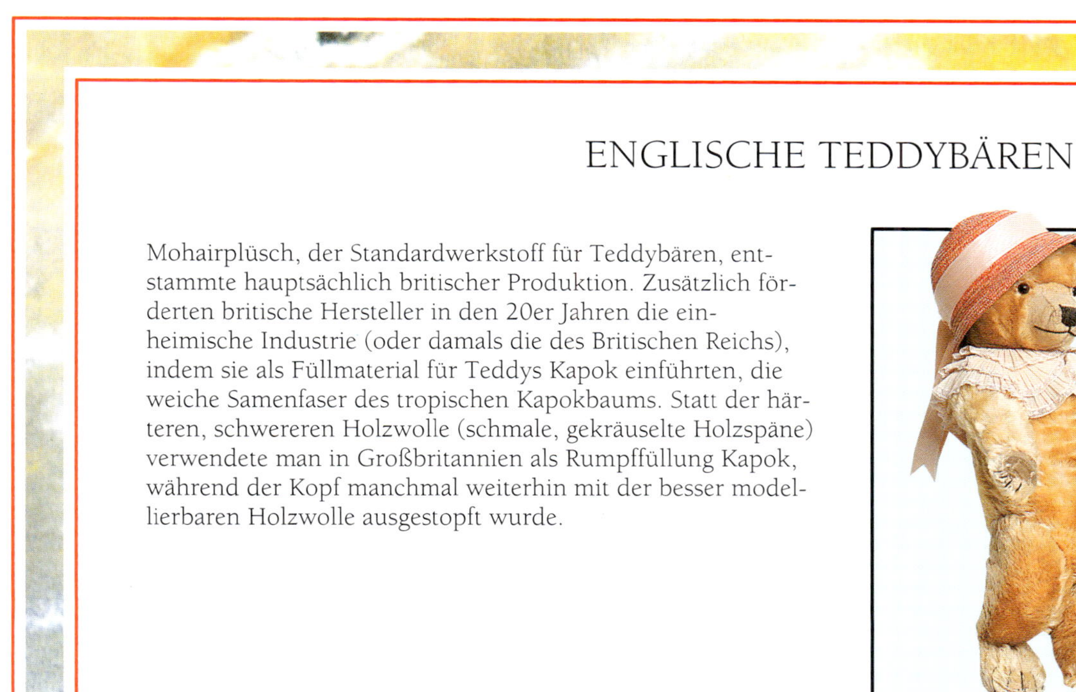

Teddybär-Aristokraten
Zwei britische Bären, die ein Sammler diesseits und jenseits des Atlantiks erstand. Auf Anastasia (links) stieß er bei einem Teddybär-Kongreß in Baltimore, Maryland. Der „Herzog von Portobello" wurde in der Londoner Portobello Road gekauft. Ähnlichkeiten im Stil, die identische Ausformung des Kopfes und die Sohleneinlagen aus Karton zeigen jedoch, daß es sich hier um Geschwister handelt.

OBEN MITTE: Der handgefertigte Cricket Ted ist das Maskottchen des renommierten Essex County Cricket Club.

LINKS: Brother Ted, ein zweifarbiger Bärenclown von 1925, kann stehen, weil er kompakt mit Holzwolle ausgestopft ist.

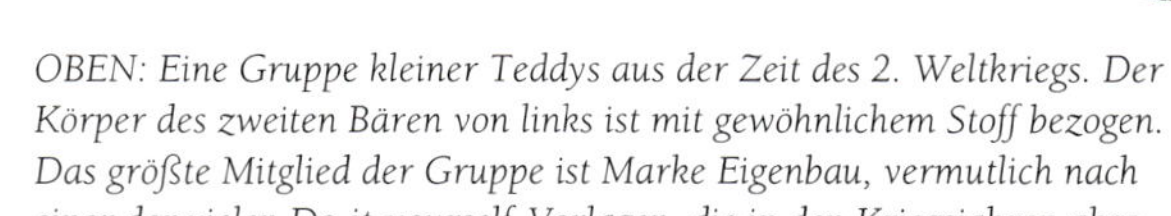

OBEN: Eine Gruppe kleiner Teddys aus der Zeit des 2. Weltkriegs. Der Körper des zweiten Bären von links ist mit gewöhnlichem Stoff bezogen. Das größte Mitglied der Gruppe ist Marke Eigenbau, vermutlich nach einer der vielen Do-it-yourself-Vorlagen, die in den Kriegsjahren abgedruckt wurden. Für seine mangelnde Schönheit entschädigt er durch charaktervollen Ausdruck.

ENGLISCHE TEDDYBÄREN

MERRYTHOUGHT

Bären von höchster Qualität
„Merrythought ist einer der berühmtesten britischen Bärenhersteller", erklärt Onkel Brummi. „Seine Anfänge gehen auf eine Mohairspinnerei zurück, die 1919 in Coalbrookdale (heute Ironbridge), Shropshire, eingerichtet wurde. Gegen Ende der 20er Jahre mußten ihre Gründer W. G. Holmes und G. H. Laxton feststellen, daß der Absatz aufgrund des Vormarsches der neuen Kunstfasern zurückging. Stofftiere boten einen Ausweg, um den Mohair zu verwerten; daher wurde 1930 die Firma Merrythought gegründet. A.C. Janisch von J.K. Farnell und C.J. Rendel von Chad Valley schlossen sich der neuen Firma an, aber das erste Stofftiersortiment, das 1931 herauskam, mitsamt Designs in goldenem Mohair, war der taubstummen Designerin Florence Atwood zu verdanken: die Magnet-Kollektion in vier Größen und die teureren Merrythought-Artikel. Merrythoughts Bären der 30er Jahre sind jetzt bei Sammlern heiß begehrt. Wie andere Spielzeugfabrikanten stellte sich die Firma 1939–1945 weitgehend auf Kriegsproduktion um. – Ihre Stofftiere waren zunächst fast ausschließlich von Hand gefertigt; erst 1955 wurde eine automatische Füllmaschine eingeführt. Außer Bären hat die Firma Merrythought auch Charakter- und Figurentiere, Filzpuppen, Schaukelpferde und anderes Spielzeug hergestellt. Ihre Bären zeichnen sich durch vorzügliche Qualität aus."

UNTEN, MITTE LINKS: Bei Merrythoughts Bingie Boy und Bingie Girl von ca. 1934 ist der Rumpf mit Baumwollsamt bezogen, Kopf und Unterarme dagegen mit Mohair. Zugesellt hat sich ein 1931 erstmals erschienener Bingie Cub („Bärenjunges"), dessen gelenklose Beine ihn in sitzender Position halten.

UNTEN, MITTE RECHTS: Punkinhead (1949–1956) mit dem verblüffenden weißblonden Haarschopf war eine Sonderanfertigung für Eaton's Department Store in Toronto (Kanada).

LINKS: Peter Bear, mit gelenklosen Beinen, wurde nur 1962–1963 für kurze Zeit hergestellt und ist heute eine Rarität.

MERRYTHOUGHT

Merrythought-Bär, 30er Jahre
Chummy zählte zu den ersten Bären, die nach der Gründung der Firma Merrythought (1930) herausgebracht wurden. Im linken Ohr trägt er einen Knopf mit dem Warenzeichen des Herstellers (Abb. rechts oben). Der Knopf mußte später anders plaziert werden, um die Nachahmung des etablierten Warenzeichens von Steiff („Knopf im Ohr") zu umgehen. Der Bär ist mit Kapok ausgestopft – nur für die Nase wurde Holzwolle verwendet.

OHREN, *die am wohlgerundeten Kopf recht weit hinten angebracht sind, verleihen Chummy ein typisch englisches Erscheinungsbild.*

OBEN: Colin (rechts), hier mit seinem Freund Chummy und einem Karussell, gehörte zur Magnet-Kollektion Anfang der 30er Jahre. Er hat kurze Arme und kleine, runde Ohren.

SCHNAUZE *Chummys kurze, spitze und gründlich geschorene Schnauze ist stark abgenutzt. Bei manchen Merrythought-Bären ist die Nase an beiden Seiten durch einen Einzelstich nach oben verlängert.*

AUGEN *Weit auseinander und im Gesicht tief angebracht; so erscheint die Stirn hoch und breit. Die Augen sind aus bernsteinfarbenem Glas; die schwarzen Pupillen sind an der Rückseite aufgemalt.*

RUMPF *Ein kurzer, rundlicher, zum Knuddeln einladender Rumpf ist für englische Bären typisch. Man beachte im übrigen, daß Chummy keinen Buckel aufweist.*

ARME *Ziemlich lang und dick, zu den Pfoten hin sanft gekrümmt; über den Rand der Filzballen sind im Einfaßstich jeweils vier Klauen angebracht.*

BEINE *Kurz, aber markant, mit ziemlich vollen Schenkeln und deutlicher Verengung am Unterbein. Am Filzballen des rechten Fußes ist ein Merrythought-Etikett aufgenäht.*

OBEN: Der zelluloidbeschichtete Metallknopf wurde zuerst ins Ohr genäht, dann auf den Rücken verlegt und schließlich aufgegeben. „Merrythought" (freudiger Gedanke) ist ein altes Wort für das Gabelbein eines Vogels (Wunschknochen), an dem zwei Personen ziehen, bis es bricht; das längere Stück verheißt die Erfüllung eines Wunsches.

LINKS: Der Merrythought-Bär in pastellblauem Mohair stammt aus den 30er Jahren, als Bären in ausgefalleneren Farben, häufig Blau oder Rosa, äußerst beliebt waren.

RECHTS: Der ursprüngliche Markenknopf wurde durch ein aufgenähtes Etikett am Fuß ersetzt, z. B. das rechteckige Stoffschildchen der 30er Jahre (unten) und der Nachkriegszeit (oben).

OBEN LINKS UND RECHTS: Der „Edwardian Bear“ von Merrythought (anspielend auf das Zeitalter König Eduards VII.) wurde 1984 für den amerikanischen Markt hergestellt. Auffällig ist, wie sehr die Kopfform – breit, mit langer Schnauze – der des Bären von 1935 mit dem schicken Hut ähnelt.

RECHTS: Merrythought-Bären der 60er Jahre: ein Braunbär in Kunstplüsch und sein Kamerad in goldenem Mohairplüsch. Das Etikett am Fuß des letzteren trägt die Aufschrift: „Merrythought, Ironbridge, Shrops., Made in England“.

LINKS: Neben den Sammelobjekten hat Merrythought weiterhin traditionelle Teddys wie dieses schöne Exemplar hergestellt. Der große Kopf, die großen Ohren und die kurzen Glieder entsprechen durchaus den Merkmalen seiner Vorfahren aus den 30er Jahren.

Merrythoughts moderne Bären

Seit der zweiten Hälfte der 50er Jahre hat Merrythought sowohl seine Bären der Bingie- und M-Serien fortgeführt als auch eine Reihe Walt-Disney-Figuren auf den Markt gebracht. Der Bär zum diamantenen Jubiläum von 1990 weckte bei den Spielzeugsammlern starkes Interesse, und heute sind viele Merrythought-Bären – handgefertigt und oft in begrenzter Auflage – für die Zielgruppe der Sammler konzipiert.

MERRYTHOUGHT

UNTEN: Die farbenfreudige Reihe vollständig gelenkiger Mohair-Miniaturbären in Rot, mit braunen Spitzen, in Creme, Braun und Rosa produzierte Merrythought in begrenzter Auflage 1992.

UNTEN: Wer könnte dem reuevollen Charme des „Schabernack-Bären“ (Mischief Bear) von Merrythought widerstehen? Sein Designer ließ sich durch die Zerknirschung eines Jungen inspirieren, der eine Fensterscheibe eingeworfen hatte.

UNTEN: Die Rückansicht des „Schabernack-Bären“ enthüllt, warum er in Ungnade fiel und um Vergebung fleht. Es liegt sicher am verheerenden Gebrauch der Zwille. Eine weibliche Version erschien 1992 ebenfalls.

MERRYTHOUGHT

CHEEKY-BÄREN

Cheeky: Ein Bär mit besonderem Charakter

Der Cheeky („Frechdachs") von Merrythought ist mit seinem breiten, schelmischen Grinsen und den in beide Ohren eingenähten klingelnden Schellen treffend benannt. Cheeky erschien erstmals 1957. Das Konzept für diesen Charakterbären beruhte vielleicht auf dem Punkinhead (siehe Seite 90), der für ein kanadisches Kaufhaus angefertigt wurde. Das Fell der ersten Cheekys bestand aus goldenem Mohair oder Kunstseidenplüsch. Nach 1960 erschienen sie in Acrylplüsch und verschiedenen Pastellfarben sowie Schokoladenbraun. Cheeky wurde als Nachthemdbehälter, ab 1962 als Bär mit offenem Mund und 1966–1968 als „Twisty" mit abnehmbaren Kleidern auf einem Stoffrumpf und mit biegsamem Innengerippe hergestellt.

OBEN: Der Cheeky-Muff – ein Bär, der Hände und Herz erwärmt – war ursprünglich ein Produkt der 50er Jahre. Man beachte die großen, breiten, recht tief sitzenden Ohren, die für Merrythoughts Cheeky-Bären typisch sind.

RECHTS: Cheeky treibt Schabernack.

LINKS: Mr. Twisty Cheeky erschien 1966–1968. Aufgrund seines biegsamen Gerippes konnte er die verschiedensten Stellungen einnehmen. Mr. Twisty hat einen Velourskörper; die Hose mitsamt den Trägern ist abnehmbar. Bei der weiblichen Version, Mrs. Twisty, waren Kleid und Schürze ebenfalls abnehmbar.

LINKS: Eine neue Cheeky-Version aus dem Jahr 1992 mit spitzengefärbtem Mohairfell in Pastelltönen

UNTEN: Ein Cheeky der 70er Jahre mit Ballen in kontrastierender Farbe. Solche Ballen (in diesem Fall auch Ohreneinsätze) aus Baumwollsamt sind bei Cheekys häufig.

GEGENSEITE, UNTEN RECHTS: Der „New Print Teddy" von 1955, ein früher Prototyp des Cheeky. Der Stoffkörper erzeugt hier die Wirkung eines bekleideten Bären.

LINKS: Zwei Cheekys mit Farbkontrasten (50er Jahre) werfen eine traditionelle Farbe gegen eine ungewöhnliche Pastelltönung in die Waagschale.

CHAD VALLEY

Königlicher Spielzeuglieferant
„Als nächstes ein paar Bären mit königlichem Siegel", hebt Onkel Brummi an. „Die Firma Chad Valley begann mit Schreibwaren und wandte sich dann interessanteren Erzeugnissen zu." – „Wer war denn dieser Mr. Chad Valley?" fragt Wuschel. – „Nicht wer, sondern wo! 1897 bezog die Firma eine Fabrik namens Chad Valley Works, benannt nach dem Flüßchen Chad in den Midlands, und dieser Name wurde später ihr Warenzeichen. Hier weitete sie 1915–1916 ihr Angebot von Brettspielen auf Stofftiere aus. Bald hatte sie sich als Hersteller traditioneller Bären im britischen Stil etabliert. Anfang der 30er Jahre bot sie Bären in vierzehn Größen an, zum Teil sogar wahlweise mit weicher oder harter Füllung. Gegen Ende des Jahrzehnts zählte die Firma zu den führenden Spielzeugherstellern der Welt; 1938 wurde sie zum königlichen Hoflieferanten ernannt. Wie andere Firmen übernahm Chad Valley zeitgemäße neue Werkstoffe und Techniken, und zwar mit solchem Erfolg, daß sie 1960 ihr hundertjähriges Jubiläum feiern konnte. Ungeachtet eines Besitzwechsels gedeiht sie auch weiterhin."

UNTEN: Der Rainbow Tubby ist eine Chad-Valley-Kuriosität, die 1926 erstmals erschien. Es gab ihn in mehreren Farbtönen und einmal sogar mit Kragen, Mütze und Schelle eines Clowns.

Teddy Randell
Teddy Randell ist mit seinem ausgeprägt „britischen" Körperbau, dem runden Kopf und der breiten, rechteckigen Nase ein typischer Chad-Valley-Bär. Zu Anfang seines Lebens füllte er die Rolle aus, die allen Teddys zugedacht ist, als heißgeliebter Kamerad eines Kindes – der abgewetzte Zustand seines Mohairpelzes und seiner Ballen läßt daran keinen Zweifel. Als die kleine Sally-Ann ins Krankenhaus kam, ging ihr Teddy natürlich mit. Eines traurigen Tages hob eine Krankenschwester ihn auf und brachte ihn in ein stilles Zimmer voller Spielzeug. Bevor er sich ernstlich darum sorgen konnte, ob er für die Welt noch von Nutzen sei, lief eine Auktion auf vollen Touren, er fand einen neuen Besitzer – und eine neue Laufbahn, denn Teddy Randell war gekauft worden, um für das Kinderhospital von Edinburgh Geld zu sammeln. Seither widmet er sich der Aufgabe, kranken Kindern zu helfen.

CHAD VALLEY

Chad-Valley-Bär, 50er Jahre
Ein bezaubernder Bär, dessen Design ziemlich leicht als ein Produkt der Firma Chad Valley erkennbar ist. Auffällig ist die bekannte Chad-Valley-Nase: ein kompaktes, breites Rechteck.

AUGEN *Bernsteinfarbenes Glas, in weitem Abstand auf den Nähten des Mitteleinsatzes angebracht*

OHREN *Groß, rund und flach, ziemlich weit seitwärts am Kopf plaziert und in die Nähte eingenäht*

KOPF *Rund, mit breiter Stirn. Das Profil erscheint nahezu flach. Die Schnauze ist recht ausgeprägt, unter dem dichten, flaumigen Mohair aber fast verborgen.*

NASE UND MUND *Die Nase hat die typische Form eines kompakten, senkrecht gestickten Rechtecks, während der Mund ganz herkömmlich als umgedrehtes V genäht ist.*

OBEN: Zunächst trugen die Chad-Valley-Bären als Erkennungszeichen einen Knopf im rechten Ohr oder manchmal auf der Brust oder dem Rücken. Es sind mehrere Typen bekannt. Am häufigsten ist der hier gezeigte Metallknopf mit Zelluloidbeschichtung; die schwarz gedruckte Aufschrift lautet: „Chad Valley British Hygienic Toys".

ARME UND BEINE *Alle vier Glieder sind kurz; die Arme etwas gebogen, die Beine kompakt und gedrungen mit kurzen Stummelfüßen.*

UNTEN UND UNTEN RECHTS: Ein Aerolite-Knopf von 1923–1926 und ein Etikett aus der Zeit nach 1953

BALLEN *Etwas abgetragenes Rexin (ein bei britischen Bären häufiges Lederimitat) in ungewöhnlicher Tränenform; keine Klauen*

RUMPF *Typisch britisch – kurz und rundlich, mit geradem, buckellosem Rücken*

CHAD VALLEY

LINKS: Der hochbetagte Bär hat sein Flugzeug gerade noch erwischt! Biggles ist ein Produkt der 20er Jahre. Seine großen Ohren und die lange Schnauze sind für den Chad-Valley-Stil typisch. Ungewöhnlicher ist die horizontal in Beige aufgestickte Nase. – Rechts sehen wir an einer echten Rarität eine herkömmlichere, senkrecht gestickte Nase. Chad Valley stellte (in den 30er Jahren) nur sechs weinrote Teddys her. Seinen Erkennungsknopf im Ohr und das Etikett am Fuß hat er behalten.

UNTEN RECHTS: Einer der ältesten überlebenden Chad-Valley-Bären (1923)

UNTEN LINKS: Eine Kofferladung Entzücken! Die Geburtsdaten dieser Bären reichen über drei Jahrzehnte (30er bis 50er Jahre), aber einige unverkennbare Familienmerkmale haben sie gemeinsam: runde, abgeflachte Köpfe, lange, stumpfe Schnauzen und große, breit abgesetzte Ohren.

CHAD VALLEY

RECHTS UND RECHTS AUSSEN: Es geht auch ohne Mohair! Im 2. Weltkrieg entstand als „Notlösung“ der putzige kleine Teddy in Schafsfell. Während der 60er Jahre erfreuten sich synthetische Stoffe zunehmender Beliebtheit; der nicht minder kuschelige Spielkamerad trägt daher einen Acrylpelz.

UNTEN RECHTS: Ein seltenes Bärenpaar aus den 30er Jahren in etwas grellem Gelb und Blau. Immerhin tragen beide noch stolz das aufgestickte Chad-Valley-Etikett am Fuß.

UNTEN RECHTS: Der kleine Mohair-Teddy aus den 60er Jahren scheint das Tanzbein zu schwingen, gehört aber sicher nicht zu den modebewußten Kunden der Carnaby Street!

OBEN: Alex hat allen Grund zur Freude, denn sein langer, lockiger Mohairplüsch von ca. 1935 hat sich wunderbar gehalten. Das gleiche gilt für die gerauhten Baumwollballen seiner großen Füße und die aufgestickten Klauen (an den Füßen je fünf, an den Pfoten vier).

UNTEN LINKS: Au, meine armen Füße! Felix gönnt sich eine wohlverdiente Marschpause. Nach seinen abgewetzten Fußballen zu urteilen, muß er in einem fort getippelt sein, seit er 1930 das Fabriktor hinter sich ließ! Auch die Stoppeln seiner kurzgeschorenen Schnauze sind nach jahrzehntelangem Dienst weitgehend abgenutzt.

CUBBY-BÄR

Ein eindrucksvolles Kerlchen

Den Mitte der 30er Jahre eingeführten Cubby-Bären halten gelenklose Beine in sitzender Stellung. Er hat große, rückseitig bemalte Glasaugen, eine senkrecht gestickte Nase, Filzballen und gelenkige, sanft herabgebogene Arme. Die ersten Cubbys trugen zottigen Alpakaplüsch oder Kunstseidenplüsch, doch mit dem Aufkommen neuer Stoffe entstanden während der 50er Jahre Nylonplüsch-Cubbys in einem breiten Farbspektrum.

OBEN: Weil Steiff den Knopf im Ohr als Warenzeichen für sich beanspruchte, ist bei späteren Chad-Valley-Bären der Knopf im Nacken angenäht.

RECHTS: Ein für sein Alter bestens erhaltener Bär der 30er Jahre bewahrt den zeitlosen Charme der Cubby-Kollektion.

UNTEN: Magna Maggie (rechts, 1955) hat zwar das Etikett verloren, gehört aber eindeutig zur Magna-Sippe – im Gegensatz zu ihrem Partner, der einem älteren Zweig der Chad-Valley-Bären (Ende der 20er Jahre) zuzuordnen ist.

MAGNA-BÄREN

Die neue Nasenmode

Ende der 30er und während der 40er Jahre schuf Chad Valley mit den Magna-Bären eine weitere erfolgreiche Kollektion. Der Rumpf ist ähnlich gestaltet wie bei anderen Chad-Valley-Produkten, aber die Nase der Magna-Bären folgt einem neuen Design. Bei den meisten Chad-Valley-Bären ist die Nase nämlich senkrecht gestickt, bei Magna-Bären hingegen besteht sie aus mehreren waagerechten Stichen. Ein weiteres Merkmal der Kollektion ist das blau-weiße, gewebte „Magna-Series"-Etikett.

OBEN: Die Aufschrift lautet „Chad Valley Magna Series, Harborne, England". Harborne in Birmingham war der Sitz der Hauptfabrik.

PEACOCK & CO.

Eine kurzlebige Bärenmarke

Im Jahre 1931 erwarb Chad Valley die kleine, aber alteingesessene Londoner Firma Peacock & Company, die Holzspielzeug hergestellt hatte, und produzierte daraufhin ein paar Jahre lang in der Hauptfabrik von Chad Valley eine neue Bärenkollektion unter dem Markennamen Peacock.

OBEN: Das gestickte Peacock-Etikett von Chad Valley zeigt den aufgeplusterten Pfau (englisch „peacock“) des ursprünglichen Firmenzeichens von Peacock & Company.

RECHTS: Ein Peacock-Bär von 1926

LINKS: Ein seltener, früher Peacock-Bär

UNTEN RECHTS: Ein anderer Peacock-Bär mit der typischen senkrecht gestickten Nase, Mund in umgedrehter V-Form und Glasaugen

J.K. FARNELL

Alpha und Winnie the Pooh
„1840 gründete John Kirby Farnell in London ein Unternehmen, das Haushaltswaren herstellte." – „Was hat denn das mit Bären zu tun?" fährt Wuschel dazwischen. – „Immer mit der Ruhe! Seine Tochter Agnes, unterstützt von ihrem Bruder Henry, stellte die Produktion auf Stofftiere um. 1908 erwarb sich die Firma einen festen Platz in der Teddygeschichte, indem sie die vermutlich ersten englischen Teddybären herstellte. Sie zählten schon bald zu den erfolgreichsten Produkten des Hauses. Seit Anfang der 20er Jahre trugen sie den Markennamen ‚Alpha' (nach den 1921 errichteten Alpha-Werken). Es sind ausgezeichnete, erstklassig verarbeitete Bären. Der Buckelrücken, die lange Schnauze und die charakteristische Schluß-Mittelnaht am Bauch erinnern an die deutschen Verwandten bei Steiff. 1921 kaufte Dorothy Milne ihrem Sohn Christopher Robin zum ersten Geburtstag einen Farnell-Bären, der als Winnie the Pooh, Held der Kinder-Bestseller von A.A. Milne, zu weltweitem Ruhm gelangte."

OBEN: Ein Farnell-Bär, der mehr als nur Schönheit vorzuweisen hat, setzt sich an die Schreibmaschine, um seine eigene Version der Familiengeschichte festzuhalten. Das kecke Kerlchen aus den 20er Jahren hat seinen Schwung offenbar noch lange nicht eingebüßt. Sein Mohairfell ist allerdings ordentlich abgenutzt – seine Rolle als Schmusekamerad hat er sicher gut erfüllt!

UNTEN: Farnell-Bären aus den 20er bis 50er Jahren beim großen Familientreffen. Trotz der verschiedenen Mohairsorten (gelockt, zottig und Kurzflor) ist durch den recht einheitlichen Stil der handgenähten Nasen und Münder der enge Verwandtschaftsgrad unverkennbar.

J. K. FARNELL

NASE UND MUND *Handgenäht; so erhält jeder Bär einen einzigartigen Ausdruck. Die breite Nase mit senkrechten Stichen ist ein typisches Merkmal der Farnell-Bären.*

KOPF *Groß, rundgesichtig, mit breitem Brauenwulst und weit voneinander abgesetzten Glasaugen. Im Gegensatz zu den meisten britischen Bären hat er keine flache Schnauze, sondern sie ist lang wie bei wirklichen Bären, wenn auch weniger spitz als bei Steiff-Bären.*

ARME *Lang, nach unten verjüngt und fast gerade, mit einer „Schmusekurve" nach oben am Handgelenk. Auch hierin ähnelt das Design dem der Steiff-Bären.*

PFOTEN *Lang und gebogen; Handgelenk schmal. Die Filzballen tragen handgenähte, verbundene Klauen im Einfaßstich (typisch auch für Bären von Merrythought und W.J. Terry).*

OHREN *Ziemlich klein, weit abgesetzt und etwas nach innen gewölbt*

RUMPF *Der naturalistische Buckelrücken ist eher für deutsche Bären typisch als für britische.*

BEINE *Lang, mit gerundeten Schenkeln, dünnen Waden und großen, schmalen Füßen*

Farnell-Bär, 30er Jahre
Bei Farnell-Bären hat das Etikett selten überlebt, doch an der typischen Form und der hohen Stoff- und Verarbeitungsqualität sind sie leicht erkennbar. Der seidige goldene Mohairplüsch dieses nachdenklichen älteren Herrn hat Glanz und Fülle nicht eingebüßt. Farnell setzte seinen Stolz daran, nur erstklassiges Material zu verwenden.

LINKS: Die Beschriftung des Anfang der 20er Jahre eingeführten Alpha-Etiketts war in blauer Seide auf weißen Grund aufgewebt und wurde an einem der Fußballen angenäht. Bei alten Bären ist es meist abhanden gekommen.

J.K. FARNELL

Mächtig auf Trab
„Na los, Wuschel", mahnt Onkel Brummi. „Wenn wir die ganze Farnell-Sippe abklappern wollen, müssen wir uns sputen!" – „Dann gehst du hier lang und ich da lang", meint Wuschel. – „Nun höre erst einmal! Farnell-Produkte gelten unter Sammlern als die besten britischen Bären. Als 1934 die Fabrik abbrannte, machte man sich entschlossen an den Wiederaufbau und war im nächsten Frühjahr wieder ganz auf der Höhe. Farnell-Bären wurden bis 1968 weiter hergestellt."

LINKS: In den 20er Jahren ließ sich Farnell durch den Medienrummel um den sagenhaften Schneemenschen (Yeti) zu einem etwas unheimlichen, ohrenlosen „Yeti"-Bären inspirieren.

„Ist ja toll, daß Farnell nach dem Großbrand wieder auf die Beine kam", meint Wuschel. „Das sind ja die reinsten Stehaufbärchen!"

UNTEN: Ein Alpha-Bär von 1926 in langem, gelocktem Mohairplüsch mit zimtfarbenen Spitzen; er sieht seinem zeitgenössischen Steiff-Rivalen sehr ähnlich.

LINKS: Drei Farnell-Bären der 20er Jahre, die für ihr Alter noch gut in Schuß sind. Man beachte die seltene, bei Sammlern heiß begehrte Lavendeltönung des Bären rechts außen. Bei seinem großen Bruder (hinten) fällt die ungewöhnliche Nase auf: ein mit senkrechtem Flachstich ausgefüllter Halbkreis (statt der typischen Rechtecksform).

J.K. FARNELL

RECHTS: Ein weiterer Farnell-Bär der 20er Jahre, der an Steiff erinnert; dank seiner mit Metallstäben verbundenen Gelenke sitzt er recht bequem.

RECHTS AUSSEN: An diesem Farnell-Bären, der Ende der 20er Jahre entstand, ist das Abnehmen des deutschen Einflusses erkennbar. Die flachere Schnauze und die kürzeren Glieder entsprechen mehr dem englischen Design.

LINKS: Obwohl das Etikett fehlt, kann dieser Bär der 30er Jahre (links) sich unangefochten seiner Farnell-Herkunft rühmen.

RECHTS: Nach jahrzehntelangem Verschleiß ist an diesem Farnell-Bären die Vordernaht deutlich erkennbar; nur Farnell und der deutsche Konkurrent Steiff stopften ihre Bären nicht durch die Rückennaht, sondern von vorn aus.

UNTEN: Wo brennt es denn? Ein Farnell-Bär von 1927 ist mit seinem Feuerwehrauto noch einsatzbereit – ganz erstaunlich, wenn man bedenkt, daß er nur sechs Jahre jünger ist als sein berühmter Verwandter Winnie the Pooh. Der Original-Pooh hat sich mittlerweile zwischen seinen Büchern in der New York Public Library zur Ruhe gesetzt.

J.K. FARNELL

LINKS: „Herr Fadenschein“ muß der Ärmste sich nun betiteln lassen. Dem Farnell-Bären der 30er Jahre wurde zwar buchstäblich das Fell abgeschmust, aber sonst ist er für sein Alter recht gut in Form.

UNTEN: Ein glückliches Paar aus den 30er Jahren. Bernard (mit Schleife) hat noch die frühere Kopfform mit langer Nase, während die Dame seines Herzens eine modisch kürzere Schnauze im britischen Stil aufweist. Aber Bernard erfreut sich noch des angesehenen Alpha-Toy-Etiketts am linken Fuß; die Bärendame hingegen muß allein durch ihre äußeren Vorzüge die Zugehörigkeit zum Farnell-Clan nachweisen.

J.K. FARNELL

LINKS, IM OVAL: Kleine Bären waren immer beliebt. Dieses Exemplar der 30er Jahre in zimtfarbenem Mohair weicht mit seiner ausgefallenen Kopfform, den tiefsitzenden Hängeohren und kurzen Gliedern vom üblichen Farnell-Design stark ab.

UNTEN: Für Farnell eher typisch ist dieses Bärchen der 40er Jahre.

LINKS: Compton stammt aus den 20er Jahren und ist auch ohne Warenzeichen sofort als Farnell-Bär erkennbar.

LINKS AUSSEN UND LINKS: Ein späteres Etikett aus den 30er Jahren trägt ein rot-blau aufgedrucktes Wappendesign. Den Markennamen Alpha ließ Farnell in der Schlußphase fallen. Auf dem letzten Etikett ist auch der Umzug von London nach Hastings abzulesen, der 1959 begann und 1964 abgeschlossen war – vier Jahre darauf wurde die Produktion eingestellt.

CHILTERN (H.G. STONE & CO.)

Schmusebären aus dem Hügelland

„Als nächstes kommt eine Firma an die Reihe, die mit Farnell beinahe verwandt ist", erklärt Onkel Brummi. „Leon Rees erbte 1919 die Spielzeugfabrik seines Vaters in Buckinghamshire, die in den Chiltern Hills gelegenen Chiltern Toy Works. Als Leon sich mit Harry Stone von Farnell zusammenschloß, kam bald der Farnell-Einfluß zum Tragen. Die Firma hieß nun H.G. Stone & Company, behielt aber das Warenzeichen Chiltern. Zu ihren ersten Erfolgen zählte seit ca. 1923 der Hugmee-Teddy („hug me" – umarme mich), der sich stetiger Beliebtheit erfreute, bis 1967 Chad Valley die Firma übernahm. Aufgrund der weichen Kapokfüllung sind Hugmee-Bären besonders knuddelig. Man kann sie zuverlässig an der Haltung erkennen. Sie sitzen alle gleich – mit hängendem Kopf. Sie können nichts dafür – das weiche Füllmaterial kann den großen, schweren Kopf nicht richtig stützen. Laß dich aber nicht von mir erwischen, daß du sie nachahmst: Kopf hoch, und spitz die Ohren!" – „Mach ich doch, ehrlich!" protestiert Wuschel. „Hugmee-Bären erkenne ich also daran, daß man sie besonders gut knuddeln kann."

LINKS: Die Chiltern-Dreirad-Teddys von 1955 waren größtenteils Nachbildungen von Bären, die in den Medien zu einigem Ruhm gelangt waren. Der linke Radfahrer mag heute unbekannt sein, aber sein Kumpel, der Fernsehstar Sooty, ist noch populär.

LINKS: Der Schlittschuhläufer in Seidenplüsch (1935) ist mit Schlittschuhen, Pullover und Muff komplett ausgestattet.

RECHTS: Master Teddy (1915), der erste Teddybär der Firma Chiltern. Sein breites Grinsen und die irren Knollenaugen lassen ihn als liebenswerten Dämlack erscheinen.

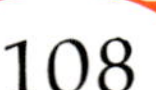

CHILTERN (H.G. STONE & CO.)

Hugmee-Bär, 60er Jahr
Bei aller Ähnlichkeit mit früheren Hugmees sind doch ein paar Weiterentwicklungen festzustellen, wie etwa die realistische Kunststoffnase, die an Chiltern-Bären erstmals 1958 verwendet wurde, und die festsitzenden Sicherheitsaugen (ebenfalls aus Kunststoff).

KOPF *Groß und rund, mit flachem Hinterkopf und stumpfer, länglicher Schnauze, so daß als charakteristisches Merkmal ein dreieckiges Profil entsteht. Das für Chiltern typische Kopfhängen beruht darauf, daß die weiche Kapokfüllung den Kopf nicht hinreichend abstützt.*

OHREN *Groß, rund und in weitem Abstand. Die Raffung am Ansatz verleiht naturalistische Form.*

AUGEN *Bernsteinfarbener Kunststoff, an der Gesichtsnaht befestigt*

BALLEN *Baumwollsamt, groß und tränenförmig. An den Vorderpfoten vier separate, gerade Klauen, an den Füßen fünf. Die Fußballen sind mit Karton verstärkt.*

BEINE *Kräftige, solide Beine als stabiler Untersatz. Der robuste Eindruck wird verstärkt, da die Beine viel kürzer und dicker sind als die Arme, mit rundlichen Schenkeln und einer deutlichen Einschnürung über den Füßen.*

ARME *Lang, ziemlich dick und zum Handgelenk hin verjüngt, mit deutlicher Biegung nach oben*

UNTEN: Erst in den 40er Jahren erhielten Chiltern-Bären dauerhafte Stoffschildchen mit ihrem Markennamen. „Master Teddy", der Urahn der Familie, trug 1915 an einer Schnur einen bescheidenen kreisrunden Pappanhänger auf der Brust. Der später so berühmte Name Chiltern wurde nicht einmal aufgeführt.

OBEN MITTE: Die ersten Chiltern-Bären trugen ein Pappschild. Der runde orange Anhänger zeigt eine Zeichnung der Chiltern-Hügel, wo die Bären bis zur Umstellung der Fabrik auf Kriegsproduktion (1940) hergestellt wurden.

OBEN: Als Chad Valley die Firma 1967 übernahm, wollte man auf den bekannten Namen Chiltern nicht verzichten; die Bären wurden fortan als „Chad Valley Chiltern Hygienic Toys" verkauft. Die Bezeichnung „hygienisch" gehörte bei Chiltern schon lange zur Marketingstrategie.

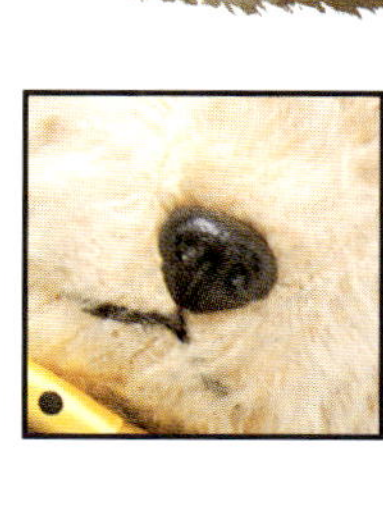

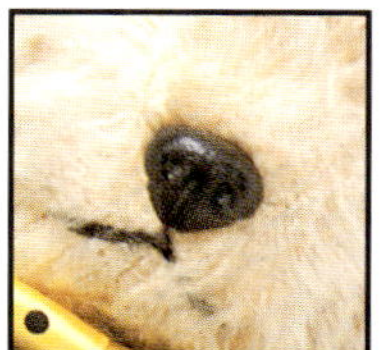

NASE UND MUND *Die handgenähte, schildförmige Nase früher Hugmees hat abgeformtem Kunststoff weichen müssen. Der Mund ist als kleines, umgedrehtes V gestickt, so daß ein introspektiver Ausdruck entsteht, der für alle Hugmee-Bären von Chiltern äußerst typisch ist.*

CHILTERN (H.G. STONE & CO.)

OBEN RECHTS: Ein von Chad Valley 1976 hergestellter Chiltern-Bär späht neugierig von oben herab, um zu sehen, wie seine älteren Chiltern-Freunde wohl mit den Rechenaufgaben klarkommen.

LINKS: Ein gelenkloser Teddy in goldenem Mohair (1955) und sein undatierter blonder Kamerad schwitzen an der Rechenmaschine. Durch einen Mechanismus im Bauch des Kleineren entsteht ein klingelndes Geräusch, wenn man ihn schüttelt.

Henry
Allem äußeren Anschein zum Trotz ist Henry ein Kind der 60er Jahre, wenngleich er mit dem Herzen einem anderen Zeitalter angehört. Er pfeift auf den Zeitgeist! Henry beharrt auf seinem altväterlichen Einteiler (der eher den 20er Jahren gemäß wäre), bleibt in der Reserve und blickt in bester Chiltern-Tradition etwas mürrisch drein. Wir sehen auf den ersten Blick: Dieser Bär weiß, was er will. Keine zehn Pferde bringen ihn dazu, in der Carnaby Street einzukaufen, die Haare lang zu tragen oder zur schauderhaften modernen Musik in einer Diskothek zu tanzen. Wer sich seinerzeit für Henry entschied, konnte sicher sein, daß seine Kinder wenigstens durch den Teddybären nicht auf Abwege gerieten.

CHILTERN (H.G. STONE & CO.)

LINKS: Zwei Hugmee-Bären in Goldmohair wagen sich mit einem Fahrrad, das eigentlich zu klein für sie ist, auf große Tour. Der große Bruder ist natürlich der Ältere; er stammt aus den 40er Jahren und trägt die herkömmliche handgestickte, schildförmige Nase. Das kleine Brüderchen dagegen, das in den 60er Jahren auf die Welt kam, hat eine moderne „Sicherheitsnase" aus Kunststoff, die nach neueren Vorschriften mit einer Unterlegscheibe befestigt ist; an seinen Zeitgenossen sieht man jedoch teilweise noch genähte Nasen.

RECHTS: „Hugmee" (englisch „umarme mich") ist eine unmißverständliche Aufforderung! Trotzdem brachten die Besitzer dieser zwei Bären es fertig, ihnen nicht das Fell abzuschmusen. Der Große stammt aus den 40er Jahren, der Kleine ist etwa zehn Jahre jünger.

LINKS: Dieser Bär der 40er Jahre hat eine Spieldose im Bauch, die man von hinten aufziehen kann, um ein Wiegenlied von Brahms zu hören.

OBEN: Dem kleinen Chiltern-Bären aus den 30er Jahren fährt die Tanzwut in die Beine, wenn sein etwa zwanzig Jahre jüngerer Cousin eine Melodie anstimmt. Chiltern hat mehrere solche Musikbären hergestellt.

ENGLISCHE TEDDYBÄREN

DEAN'S RAG BOOK CO.

Von Lumpen zum Luxusartikel

„Aber Onkel Brummi!" ruft Wuschel. „Warum besuchen wir denn eine Firma, die angeblich Bücher herstellt? Ich dachte, wir untersuchen unsere Familiengeschichte?" – „Das tun wir doch, mein Junge", erklärt Brummi pfiffig. „Dean's Rag Book Company begann 1903 tatsächlich mit ‚rag books' – Büchern, deren Papier aus Lumpen bzw. Stoffabfällen hergestellt wurde –, aber der Erfolg erlaubte bald eine Ausweitung der Angebotspalette auf Lätzchen, Drachen, Stoffpuppen..." – „Und Stoffbären?" fragt Wuschel dazwischen. – „Ja, so fing es an. 1908 brachte die Firma unter dem Namen ‚Knockabout' ein bedrucktes Teddybär-Set zum Selbstschneidern heraus, 1915 aber den ersten im Firmenkatalog erfaßten Bären: den Mohair-Kuddlemee. In der Folge entstand ein breites Sortiment, darunter ein russischer Bär, ein patriotischer britischer Bär namens Tommy Fuzzbuzz, Eisbären, Schwarzbären – und ‚Bendy Bears', die dank ihrer biegsamen Gelenke jede beliebige Stellung einnehmen können. An Ideenmangel scheint die Firma nicht zu leiden! 1981 begann sie mit großem Erfolg Sammlerbären in begrenzten Auflagen herzustellen. Der Ausdruck ‚Rag Book' wurde 1986 bei der Übernahme durch Plaintalk aus ihrem Namen gestrichen. The Dean's Company Limited stellt noch immer Teddys her und ist die älteste britische Spielzeugfabrik."

OBEN: Das berühmte Dean's-Warenzeichen preist die Haltbarkeit der „Lumpenbücher" an, hergestellt „für Kinder, die ihre Speisen am Leib tragen und ihre Kleider essen". Das famose Buch hält offenbar einem grimmigen Tauziehen stand.

OBEN UND RECHTS: Ein ungewöhnliches, gelenkloses Dean's-Bärchen der 20er Jahre. Ein unverkennbar feinerer Zeitgenosse trägt noch das Dean's-Originaletikett.

OBEN: Eine Schubkarrenladung Schabernack! Drei kleine Dean's-Bären der 40er und 50er Jahre haben einen Chad-Valley-Freund (mit Hut) zum Mitmachen verleitet. Man beachte die unterschiedlich geformten Köpfe. Typisch für Dean's wurde die Kopfform des stehenden Bären: rund, mit schwach abgesetzter Schnauze.

DEAN'S RAG BOOK CO.

Dean's-Bär, 30er Jahre

Als dieser entzückende Bär die Dean's-Fabrik verließ, wurden dort außer Teddybären noch viele andere Figuren hergestellt. Mickey Mouse, Felix the Cat, Peter Rabbit und Dismal Desmond waren stärker gefragt. Im Zuge des heutigen Wiederauflebens der Teddybranche zeichnet sich Dean's durch seine Sammlerbären aus.

LINKS: Das 1910 eingetragene Dean's-Warenzeichen mit Bulldogge und Terrier war bis 1965 in Gebrauch. Die Etiketten aber waren unterschiedlich.

UNTEN LINKS: In den 30er Jahren trugen Dean's-Teddys ein an den Fuß genähtes Stoffetikett mit dem braunen Aufdruck „Made in England by Dean's Rag Book Co. Ltd, London". Zum Teil waren die frühen Dean's-Stofftiere mit einem am Rumpf angebrachten Metallknopf gekennzeichnet.

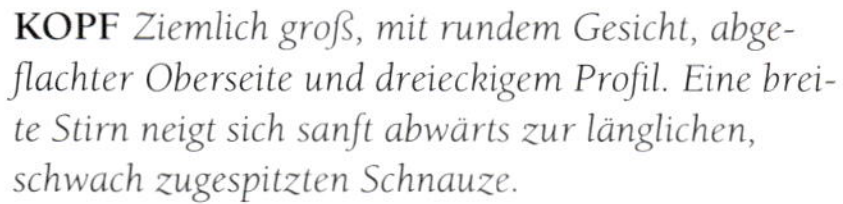

KOPF *Ziemlich groß, mit rundem Gesicht, abgeflachter Oberseite und dreieckigem Profil. Eine breite Stirn neigt sich sanft abwärts zur länglichen, schwach zugespitzten Schnauze.*

OHREN *Mäßig groß und ziemlich flach, ganz oben und weit hinten am Kopf*

AUGEN *Durchscheinendes Glas, groß und ziemlich knollig, an Drahtschlaufen eingenäht*

RUMPF *Dem britischen Stil getreu mit geradem Rücken; aufgrund der weichen Holzwolle- und Kapokfüllung etwas schlapp, wie bei vielen britischen Bären*

ARME *Für einen britischen Bären recht lang; die Pfoten nach oben gebogen. Die etwas abgenutzten Ballen sind aus Baumwollsamt. Drei gerade Klauen sind in doppeltem Fadenzug auf den Plüsch gestickt.*

BEINE *Ebenfalls recht lang, mit großen Füßen, Ballen aus Baumwollsamt und aufgestickten Klauen. Das Markenschild ist an den linken Fuß genäht.*

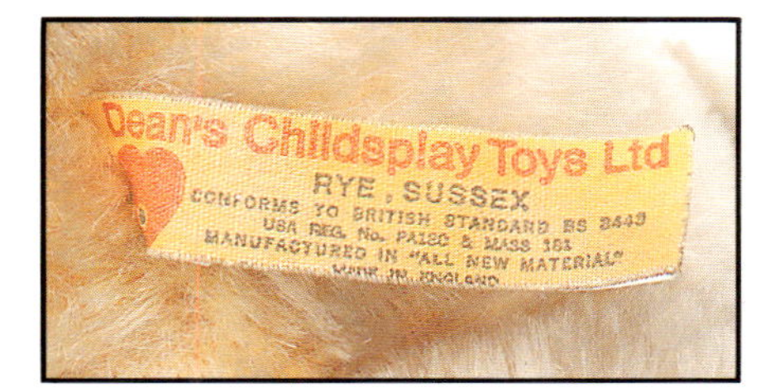

LINKS: Seit den 60er Jahren, als die Firma nach Rye in Sussex verlegt wurde, benutzte Dean's Childsplay Toys (eine Tochterfirma von Dean's Rag Book) als Zeichen das rote Herz.

Razza

„Razza“, ein früher Dean's-Bär, dem das Dean's-Zeichen auf den rechten Fuß gestempelt ist, begann sein Leben in heilloser Verwirrung. Der Einkäufer hielt ihn für einen Hund, der Gehilfe, der ihn auspackte, meinte einen Löwen zu sehen, aber die kleine Kundin wußte ganz bestimmt, daß es nur ein Bär sein konnte. Razza kichert darüber noch heute, das Filzzünglein kriegt er gar nicht wieder rein. Mit seiner weißen Cartoon-Schnauze, den runden Kulleraugen und der drolligen Haltung ist er aber auch ein geborener Komiker. Als treuer Kindheitsbegleiter seiner Herrin konnte er sich bei ihrer Hochzeit einen Scherz nicht verkneifen – er nahm den Fahrersitz in Beschlag und setzte sich die spitze Chauffeursmütze auf.

UNTEN: Diese naturgetreuen Bären gehören zur True-to-Life-Serie, die Dean's in den 50er Jahren herausbrachte. Das Gesicht ist über einer inneren Gummimaske ausgeformt, und auch für die Pfoten wurde Gummi verwendet.

UNTEN RECHTS: Eine Bärengruppe aus der Zeit nach 1975 weist einige Variationen auf. Der mittlere und der rechte Bär besitzen das typische runde, kurznasige Gesicht, der linke hingegen ist zur langen Schnauze zurückgekehrt.

UNTEN: Bertie, ein berühmtes Kerlchen aus den 30er Jahren, bewahrt sich sein süßes, breites Grinsen (ein umgedrehtes T) nicht ohne Grund – als einer der großen Klassiker der britischen Bärengeschichte gelangte er nämlich zu weltweiter Anerkennung.

RECHTS: Eine glückliche Familie! Die vier Dean's-Bären datieren zwar von Mitte bis Ende der 30er Jahre, haben jedoch ihren Schwung beileibe nicht eingebüßt und sogar ihren Mohairpelz erstaunlich gut gepflegt.

OBEN UND RECHTS: Bär bleibt Bär! Michael gibt ein strahlendes Beispiel der jüngsten Dean's-Produktion ab, während der kleine Virtuose zur Rechten ein halbes Menschenalter früher entstand, nämlich um 1960.

WENDY BOSTON

Die Boston-Badeparty

„Ein echter Siebenmeilenstein!“ posaunt Onkel Brummi. „Wir kommen nun zur Erfindung des ersten vollständig waschbaren Bären!“ – „Wie gräßlich!“ stöhnt Wuschel, der Badewannen am liebsten durch ein Fernrohr betrachtet. – Onkel Brummi doziert ungerührt weiter: „Die Firma Wendy Boston wurde 1946 in Wales gegründet. Sie legte von Anfang an großen Wert auf Sicherheit und führte daher bald den Markennamen ‚Playsafe‘ ein. Sie erfand Schraubverschlußaugen anstelle der leicht brechenden Drahtschlaufen und stellte 1954 den ersten maschinenwaschbaren Bären der Welt her (Nylon mit Schaumstoffüllung). Die Mütter ließen sich aus hygienischen Gründen begeistern, und die Kinder stimmten zu, weil die Bären besonders weich und kuschelig waren. In den 60er Jahren bestritt Wendy Boston nach eigenen Angaben 28 Prozent des britischen Stofftierexports. 1976 mußte die Firma jedoch aufgrund wachsenden Konkurrenzdrucks schließen.“

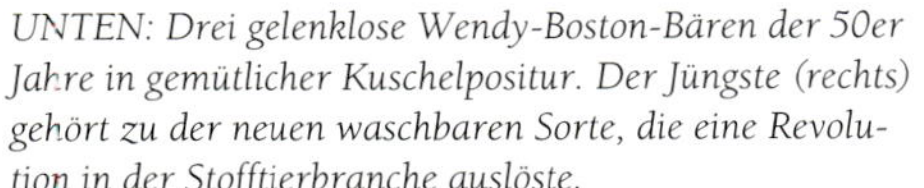

UNTEN: Drei gelenklose Wendy-Boston-Bären der 50er Jahre in gemütlicher Kuschelpositur. Der Jüngste (rechts) gehört zu der neuen waschbaren Sorte, die eine Revolution in der Stofftierbranche auslöste.

WENDY BOSTON

Wendy-Boston-Bär, 60er Jahre

Seit den 50er Jahren betonten neue Sicherheitsregeln für Spielzeug den hygienischen Aspekt. Die vollsynthetischen Boston-Bären waren daher ein Knüller. Unser Beispiel aus den 60er Jahren hat die vielen schwindelerregenden Besuche in der Waschmaschine offenbar gut überstanden!

KOPF *Typisch groß und rund, mit den berühmten Sicherheitsaugen und einer kleinen, gestickten Nase. Die Ohren sind als integrierter Teil des Kopfes geschnitten – eine Glanzidee des Designers, um gefahrloses Aufhängen an der Wäscheleine zu ermöglichen. Die Ohren konnten sich jedenfalls nicht ablösen!*

ARME UND BEINE *Einfachheit ist hier der Grundgedanke. Die Glieder sind kurz und gedrungen, gelenklos und in einladender Pose ausgestreckt. Die Füße sind kaum ausgeprägt. Auf Fußklauen wurde verzichtet.*

PELZ *Weicher, waschbarer, honigfarbener Plüsch aus gewebtem Nylon*

OBEN: Das gedruckte Etikett trägt hier auch eine Waschanweisung. Auf anderen Wendy-Boston-Etiketten wird eine bestimmte Waschpulvermarke angegeben.

PFOTEN *Wiederum so einfach wie möglich! Sie bestehen aus dem gleichen Stoff wie der Rumpf, ohne Abgrenzung. Jeder Pfote sind in schwarzem Florettgarn drei kleine Klauen aufgestickt.*

RECHTS: Ein Gelenkbär der 60er Jahre ist nicht waschbar und trägt dafür das traditionelle Mohairfell.

PEDIGREE SOFT TOYS LTD

Bären aus Belfast

„Die nächste Bärenfamilie“, erzählt Onkel Brummi, „kann sich auf ihren Namen etwas einbilden, denn ‚pedigree‘ bedeutet soviel wie ‚reinrassig‘. Die Pedigree Soft Toys Ltd wurde Anfang der 30er Jahre mit Sitz in Merton (Surrey) als Tochtergesellschaft der Lines Brothers Limited gegründet, des damals größten Stofftierherstellers der Welt. 1946 eröffnete die Firma jedoch eine Fabrik in Belfast (Nordirland), wo ab 1955 alle ihre Stofftiere hergestellt wurden. Wenn du also auf einen Pedigree-Bären stößt, der mit der Herkunftsbezeichnung ‚Made in England‘ versehen ist, so muß er vor 1955 entstanden sein – oder nach 1966, weil das Unternehmen zu diesem Zeitpunkt für den Rest seiner Jahre nach Canterbury (Kent) verlegt wurde. Viele Pedigree-Bären seit 1940 sind echte Weltbürger, denn die Firma eröffnete weitere Fabriken in Neuseeland, Südafrika und Australien.“ – „Woran erkenne ich denn einen Pedigree-Bären?“ fragt Wuschel. – „Nun, bei den frühen Modellen sind ganz eindeutige Merkmale festzustellen. Sie haben einen langen Kopf, eine kurze Schnauze, ein Lächelgesicht mit Kunststoffnase und kurze Glieder. Ab 1960 erhielten sie einen neuen Look mit einer längeren Schnauze, die mit Hilfe eines dreieckigen Einsatzstücks entstand. Die Firma Pedigree blieb unter anderen Eigentümern bis 1988 aktiv.“

LINKS: Cheeky Charmain, eine Pedigree-Bärin der 50er Jahre, trägt einen eleganten Hut, aber weil sie ihr rosa Filzzünglein herausstreckt, ist der Gesamteindruck weniger damenhaft.

UNTEN RECHTS: Ihr Bruder Charles ist seriöser, wie es sich für sein konventionelleres Design geziemt.

PEDIGREE SOFT TOYS LTD

Irischer Kobold
Ein koboldhafter Bär, den die Fabrik in Belfast Anfang der 50er Jahre hervorbrachte. Mit Stupsnase und schelmischem Grinsen eroberte er das Herz seines Besitzers im Sturm; der Pelz ist abgeschmust, aber die Ballen wurden liebevoll ersetzt.

PELZ: *Man glaubt es kaum, daß einst an diesem Bären eleganter Mohair-Plüsch prangte; die Überreste an den Seiten und in den Ohren lassen aber keinen Zweifel daran. Die Abnutzung des Fells läßt die Umrisse klar zutage treten: den kerzengeraden Puppenrücken, gerade Gliedmaßen, den großen Kopf und die ausgesprochen originelle Stupsnase.*

OBEN: Ein oben in die Rückennaht eingesetztes, gedrucktes Etikett der 50er Jahre weist einen Bären als Produkt der irischen Fabrik in Belfast aus.

ARME UND BEINE *Ziemlich lang und gerade, mit geringer Ausformung der Pfoten und runden Stummelfüßen. Die Ballen wurden ersetzt, aber Klauen hat er nie besessen.*

KOPF *Ein klassischer runder Pedigree-Kopf mit breiter Stirn, weit abgesetzten Ohren und recht tief im Gesicht angebrachten Glasaugen*

NASE *Schwarzer Kunststoff, über einem lächelnden, umgedreht T-förmigen Mund*

OHREN *Groß, leicht gehöhlt und in die Kopfnaht eingenäht. Der Glatzkopf des Ärmsten läßt sie größer erscheinen, als sie mit Pelz eigentlich wären!*

UNTEN: *Eine Pedigree-Familie der 50er Jahre vertieft sich ins Puzzlespiel, hat aber noch keine großen Fortschritte erzielt!*

Gehende, sprechende, lebende Bären
„Es freut mich wirklich, alle unsere Verwandten kennenzulernen!" ruft Wuschel aus. – „Ja, ja, aber das schaffen wir nicht einmal", gibt Onkel Brummi zu bedenken. „Die batteriegetriebenen Bären von Pedigree haben wir gar nicht gesehen. Simon kann gehen, Rupert kann sprechen – solche Verwandten sind sehr gefragt, aber schwer zu erwischen."

GANZ RECHTS: *Was es da wohl Schönes gibt? Wie sehr ein Bär doch Honig liebt! Wir sind noch in den 50er Jahren – man beachte den typischen runden Kopf des „Honigbären" (Honey Bear), seine kaum ausgeprägte Schnauze und die kurzen Glieder.*

RECHTS: *Ein undatierter Bär – aber seine Herkunft steht fest, denn das lange Gesicht, das liebenswürdige Lächeln und die kurzen, geraden Glieder weisen ihn eindeutig als Pedigree-Bären aus!*

UNTEN: Charlotte (links) und Emmeline (rechts) sind Mohair-Ladys aus den 50er Jahren, bei denen sich schon die längere Schnauze des späteren Pedigree-Stils durchsetzt.

LINKS: Ein jüngerer Sproß der Pedigree-Familie (70er Jahre), dessen Schnauze im neuen Stil gehalten ist. Gesicht und Rumpf sind runder als bei seinen Vorfahren, aber die kurzen Glieder und der Verzicht auf eine Spitzschnauze sind weiterhin gemeinsame Merkmale dieser Gruppe.

UNTEN: „Au, meine armen abgewetzten Pfoten! So ein Familientreffen kann einem wirklich den Rest geben. Ihr verzeiht mir doch hoffentlich, daß ich liegenbleibe?“

ENGLISCHE TEDDYBÄREN

CANTERBURY-BÄREN

Schick und schön aus Canterbury!
„Alles Große hat einmal klein angefangen", philosophiert Onkel Brummi. „Als der Gebrauchsgraphiker John Blackburn 1979 aufgefordert wurde, für die Großmutter eines jungen Mannes einen Teddybären zu entwerfen, hielt er diesen Auftrag für nichts Besonderes – ‚als ob man eine Waschmaschine entwirft', sagte er! Aber bald war er fasziniert. 1980 gründete er mit seiner Frau das Familienunternehmen Canterbury Bears, das im Laufe eines kurzen Jahrzehnts weltweiten Beifall fand. Zunächst befaßten sie sich auch mit anderen Stofftieren, aber rasch wurde ihnen klar, daß die Bären der eigentliche Knüller waren. Indem sie bei erstklassigen handgefertigten Teddys blieben, hatten sie bis 1985 nicht nur großen Ruhm geerntet, sondern in Anerkennung ihrer Beiträge zum örtlichen Gewerbe und zur Wohlfahrtspflege durften sie jetzt sogar das offizielle Wappen der Stadt Canterbury benutzen. Sie sind auf ihre Bären so stolz, daß sie ihnen eine kostenlose Lebensversicherung mit auf den Weg geben! Lädierte Bären, wie groß der Schaden auch sein mag, werden jederzeit gratis repariert. 1991 leiteten sie die Zusammenarbeit mit Gund ein, um Canterbury-Bären in den USA zu vertreiben; zum Auftakt erschienen zehn neue Teddys in begrenzter Auflage."

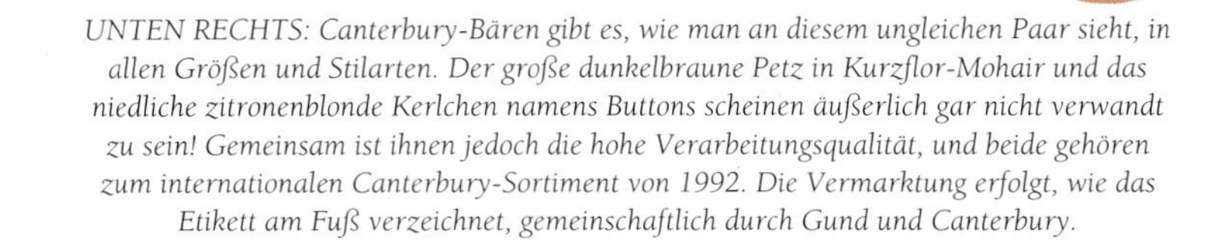

UNTEN RECHTS: Canterbury-Bären gibt es, wie man an diesem ungleichen Paar sieht, in allen Größen und Stilarten. Der große dunkelbraune Petz in Kurzflor-Mohair und das niedliche zitronenblonde Kerlchen namens Buttons scheinen äußerlich gar nicht verwandt zu sein! Gemeinsam ist ihnen jedoch die hohe Verarbeitungsqualität, und beide gehören zum internationalen Canterbury-Sortiment von 1992. Die Vermarktung erfolgt, wie das Etikett am Fuß verzeichnet, gemeinschaftlich durch Gund und Canterbury.

OBEN: Zwei weitere Spielarten aus dem internationalen Canterbury-Sortiment. Brandy ist in Form und Farbe ganz konservativ, mit rundlichem Körper und honigfarbenem Fell. Freund Rufus hingegen protzt nicht nur mit einem knallroten Mohairpelz hypermoderner Tönung, sondern hat auch den modisch langen, schlanken Rumpf, das Kleinformat von Kopf und Augen sowie die langen Glieder, die bei Künstlerbären der 90er Jahre im Trend liegen.

CANTERBURY-BÄREN

Canterbury-Bär, 1992
In Ophelia vereinigen sich Tradition und Moderne. Sie hat die langen Glieder, die lange Schnauze, die gebogenen Arme, die ausgeprägten Füße und sogar den Buckel ihrer Vorfahren, und doch ist ihr Design unverkennbar neuzeitlich, mit runden Formen, die sich in Kopf, Ohren und Schnauze wiederholen.

KOPF *Gerundet und mit einer fast surrealistisch langen Schnauze; gerundet auch in der Vorderansicht, im Umriß aber nahezu rechteckig.*

AUGEN *Nachgebildete Schuhknöpfe, relativ klein; im Gesamteindruck sind die Augen, wie bei echten Bären, nicht sehr markant.*

OHREN *Halbkreisförmig und riesig! Sie sind seitwärts am Kopf angebracht und reichen über zwei Drittel der „Schädelhöhe" hinab.*

RUMPF *Ziemlich lang und schmal. Im Profil erscheint der Rumpf mit seinem deutlichen, fast kantigen Buckel als auf der Spitze stehendes Dreieck.*

ARME *Sehr lang und stark gekrümmt. Im Gegensatz zum traditionellen Design sind Ophelias Arme vom „Ellbogen" aus – nicht erst am „Handgelenk" – gekrümmt. Ihre Pfoten haben lange, geschwungene Ballen aus Velours.*

BEINE *Etwas lang, schmal und sehr gerade. Sie hat ausgeprägte, klobige Füße mit Veloursballen; man beachte das am vorgesetzten Fuß sichtbare Etikett.*

DER ENGLISCHE STAMMBAUM

Die stattlichen Bären Englands

„Der englische Stammbaum ist zwar eine jüngere Linie der Familie“, erklärt Onkel Brummi, „aber nichtsdestoweniger sehr ansehnlich.“ – „Wollen wir nicht Bärenpflücken gehen?“ murmelt Wuschel. – „Was?!“ Brummi runzelt die Stirn und fährt mit strenger Stimme fort: „Britische Bären spielten erst im 1. Weltkrieg eine Rolle, als die Einfuhr deutscher Bären verboten wurde. Bis die Konkurrenz dann wieder Fuß fassen konnte, hatten sich britische Bärenhersteller fest auf dem Markt etabliert.“

„Aus dem Familienalbum ist die Entwicklung des typisch britischen Stils gut ersichtlich“, doziert Brummi. „Weißt du noch, auf welche Merkmale du achten mußt?“ – „Aber klar, Onkel! Kürzere Beine und kleinere Füße, wulstige Stirn und kaum ein Buckel!“ – „Ganz nett“, meint Brummi, „aber denke daran, daß diese Merkmale nur als grobe Richtschnur zu verstehen sind.“

1925

Sir Edward Grey war ein getreuer Berater aller zeitgenössischen Politiker.

30er

Harold legte großen Wert auf die Verwandtschaft – zahlreich war sie jedenfalls.

30er

Maurice war Landwirt, verlieh aber seinem Erscheinungsbild gern eine exzentrische Note.

60er

Der kuschlige Clive ließ sich als Beatles-Fan das Fell über die Augen wachsen.

60er

Sein Vetter Francis, ein echter Traumtänzer, stand eher auf die Monkees.

70er

Simon hat sich seine „Denkmütze“ aufgesetzt, scheint aber trotzdem nicht durchzusteigen.

70er

Barry studierte mit Feuereifer Jura, um ein berühmter Anwalt zu werden.

20er
Vetter Henry hatte unter den wirtschaftlichen Depressionen seiner Ära zu leiden.
1925
Das große Pferderennen kann beginnen! Freddie hat extra eine fesche Schleife angelegt.
30er
Flossie führte gern die neusten Hüte vor, hatte sonst aber für Mode nicht viel übrig.
40er
Charlie, der Schürzenjäger, schmunzelt, wenn er an seine Jugend zurückdenkt!
40er
Die blonde Doris mit den großen dunklen Augen hat seinerzeit so manchem den Kopf verdreht.
40er
Bruder Bertie, der freche Scherzkeks, grinst so schalkhaft wie eh und je.
50er
Alexandra, eine Dame mit tadellosen Manieren, genoß ihre Einführung in die feine Gesellschaft.
80er
Cora schwärmte von farblicher Harmonie. Ihr Fell paßt gut zur blaßgelben Strickjacke.
1980
Ihr Bruder Nicholas fand solche Eitelkeiten schlicht und einfach würdelos!
1992
Oliver gilt bereits als Wunderkind der Familie.
1992
Sein Vetter Thomas ist mächtig stolz auf seine ehrwürdigen Vorfahren.

BERÜHMTE BÄREN....

Erlauchte Namen

Wuschel, der werdende Reporter, darf heute ein paar berühmte Artgenossen interviewen, läßt sich aber zur Sicherheit von Onkel Brummi begleiten. „Da kommen sie schon!" schreit er. „Ich bin schrecklich aufgeregt!" – „Krieg dich wieder ein", ermahnt ihn Onkel Brummi. „Es sind doch nur Bären wie du und ich. Manchen, wie Alfonzo, wurde der Ruhm in die Wiege gelegt, andere mußten ihn hart erarbeiten, wie Red Bear und der Professor, während er Humphrey sozusagen aufgezwungen wurde. Aber wir alle kamen im Zeichen des Großen Bären auf die Welt, also können wir ihnen mit erhobener Schnauze entgegentreten."

LINKS: Humphrey, der Bär der damaligen Premierministerin Margaret Thatcher, 1983 beim Schwätzchen mit einem freundlichen Bobby am Eingang des Amtssitzes Downing Street Nr. 10. Die politischen Debatten im Innern des Hauses machen ihm nichts aus, aber er wartet gerade auf seine Freunde Annabel Bear und Fred the Ted, weil ein Ausflug auf dem Plan steht. Zuerst soll Mrs. Thatchers Geburtshaus in Grantham besucht werden, dann gibt es ein Teddybären-Picknick bei Belvoir Castle.

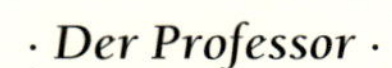

· Der Professor ·

1972 wurde bei einem Puppenverkauf in Michigan neben anderen Antiquitäten ein etwas lädierter alter Bär feilgeboten. Da Bären damals nicht sehr gefragt waren, konnten Terry und Doris Michaud, die seinem Charme erlagen, das nette Kerlchen für bloße $ 15 erwerben. Sie ahnten noch gar nicht, was damit in Gang gesetzt wurde! Angeregt durch den „Professor", wurden sie engagierte Sammler – und Bärenliebhaber in aller Welt kennen den Professor heute als Gründungsmitglied des berühmten Carrousel Museums für Bärenantiquitäten in Michigan.

· Red Bear ·

Weil Red Bear (unten) von seinen jungen englischen Besitzern vernachlässigt wurde, nahm das Schweizer Kindermädchen sich seiner an, das die Kinder in Französisch unterrichtete. ‚Le petit ours rouge' (der kleine rote Bär) liest nun mit seinen jungen Freunden vorzugsweise zweisprachige Kinderbücher.

· *Alfonzo* ·

Als Mitglied des russischen Hochadels hat Alfonzo (oben) trotz seines roten Fells definitiv blaues Blut! Er wurde 1908 von Steiff für Prinzessin Xenia Georgiewna, die vierjährige Tochter des Großherzogs von Rußland, angefertigt und war ihr liebster Freund. Nach der Ermordung ihres Vaters (1919) wurde er als wertvolles Andenken besonders herzlich gehütet. Als die Prinzessin 1965 gestorben war, erzielte der adlige Bär einen Rekordpreis von £ 12 100 – und Steiff brachte ihm zu Ehren eine Nachbildung in begrenzter Auflage heraus. Kosakenrock und Hose sind das Werk eines Kindermädchens der Prinzessin.

LINKS: Der unternehmungslustige, gletschergraue Mount-Everest-Bär ist eine Merrythought-Sonderausgabe zum 40. Jahrestag der Besteigung des Mount Everest durch Sir Edmund Hillary. Er ist nicht der einzige Bergsteiger-Bär. 1965 begleitete ein Bär namens Zissi den Alpenkletterer Walter Bonatti bei der Bezwingung der Nordseite des Matterhorns.

BÄRENMASKOTTCHEN

Bären als Glücksbringer
„Ich erzähle dir jetzt vom Geist des Großen Bären", hebt Onkel Brummi an. – „Ich habe aber Angst vor Geistern", protestiert Wuschel. – „Schnickschnack! In alten Zeiten riefen ihn Priester vor ruhmreichen Unternehmungen um Hilfe an. Diese Tradition lebt heute im Gebrauch von Bärenmaskottchen fort. Regimenter pflegten zwar schon vor dem Siegeszug der Teddybären Tiere als Glücksbringer in die Schlacht mitzunehmen. In unserem Jahrhundert erwiesen sich aber Teddys als brauchbarer. Nicht nur bei den Streitkräften, sondern auch im Zivilleben setzten sie sich allerorts als beliebte Maskottchen durch."

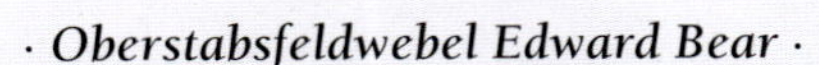

· Oberstabsfeldwebel Edward Bear ·

Edward, Maskottchen a. D., diente bis 1990 beim Fallschirmjäger-Club der Königlichen Militärakademie bei Sandhurst in England. In seinen vierzig Dienstjahren hat er fast alle NATO-Streitkräfte zum einen oder anderen Zeitpunkt begleitet, über 400 Fallschirmabsprünge hinter sich gebracht und mehreren Entführungsversuchen erfolgreich getrotzt. Zum Abschluß seiner Laufbahn zeigte er zu wohltätigen Zwecken einen glorreichen Absprung vom Londoner Hilton-Hotel, um dann einen jüngeren Bären als Nachfolger willkommen zu heißen.

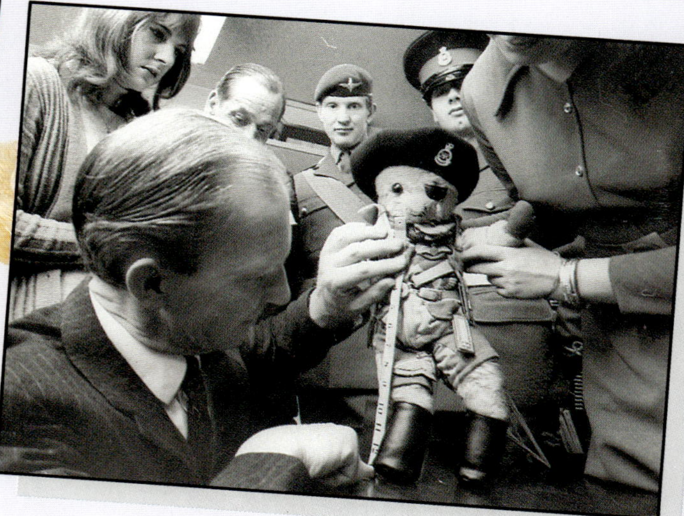

OBEN: Ein Sandhurst-Bär kauft seine Uniform natürlich nicht von der Stange. Edward wurde standesgemäß von den Gentleman's Outfitters, Moss Bros in London, eingekleidet. Auch sein Fallschirm ist maßgeschneidert, nämlich von der Fallschirmjägerschule der Königlich-Britischen Luftwaffe.

· Rugby-Bärenmaskottchen ·

„Spielt lieber fair!“ mahnt euch der Bär (unten). Das frühe Steiff-Produkt (ca. 1904–1909) diente als hochgeschätztes Maskottchen der Rugby-Mannschaft von Gainsborough und war bei jedem Spiel dabei. Er behauptet sogar felsenfest, für seine Mannschaft als Stürmer unschätzbar wertvoll gewesen zu sein, wenngleich seine Schuhe kaum abgenutzt wirken! Er trägt, wie es sich für ein Maskottchen gehört, die Farben seiner Mannschaft und ist mit allem Drum und Dran ausgestattet. Nur der Ball ist leider nicht auf seine Größe zugeschnitten.

· Feuerwehrbär ·

Als Maskottchen der Londoner Feuerwehr während der deutschen Luftangriffe im 2. Weltkrieg überlebte der seltene Mittelnaht-Steiff (oben) zahlreiche Einsätze, praktisch ohne daß ihm ein Haar versengt wurde. Man beachte die Armbinde mit der Aufschrift „Bombenaufklärung“.

LINKS: Die herzigen Kerlchen sind Steiff-Miniaturen, die Piloten bei Einsätzen im 1. Weltkrieg als Maskottchen im Taschenformat begleiteten. Ihre runden Glasaugen sind besonders hoch angebracht, damit sie frech aus der Brusttasche spähen konnten, ohne versehentlich hinauszupurzeln!

TEDDYBÄREN AUS ALLER WELT

Teddybären – ein internationales Phänomen

„Als der Erfolg der Teddybären klar auf der Hand lag", erzählt Onkel Brummi, „wollten natürlich auch andere Länder ihre eigenen Bären herstellen." – „Sie werden wohl die amerikanischen, deutschen und britischen Bären nachgeahmt haben", vermutet Wuschel. – „Eigentlich nicht. Die neuen Hersteller in Ländern wie Polen, und seit dem 2. Weltkrieg auch in Fernost, erkannten sehr wohl, daß die Originalbären handwerkliche Meisterstücke waren, und versuchten sie gar nicht erst zu imitieren. Sie zielten aufs andere Ende des Marktspektrums ab und erzeugten billige Massenprodukte, um sie dann in die drei großen Bärenländer zu exportieren." – „Die schlechteren Bären fielen also hemmungslos in die Heimat der besseren Bären ein", witzelt Wuschel. – Onkel Brummi runzelt die Stirn. „Sicher, die Bären aus anderen Ländern waren von minderwertiger Qualität. Statt Mohair wurde billiger Baumwollplüsch verwendet, die Gelenke waren gröber gearbeitet. Manche dieser Bären waren regelrecht gefährlich, wie etwa in den 50er Jahren einige polnische Produkte, deren Füllung aus einem gesundheitsschädlichen Material bestand. Trotzdem konnten die Billigprodukte als preisgünstige Alternative Fuß fassen und in den 50er bis 70er Jahren viele etablierte britische, deutsche und amerikanische Firmen ganz vom Markt verdrängen. Reißenden Absatz fanden ganze Heerscharen kleiner, gelenkloser gelber Bären aus Polen, die aus Baumwollplüsch hergestellt, mit hartem Stroh ausgestopft und durch Drähte verstärkt waren. Für etwas höhere Ansprüche gab es kleine, gelenkige Mohairbären (‚Mutzi') aus der Schweiz, ansehnliche Plüschbären der Gebrüder Berg aus Österreich und herkömmliche Plüschbären im britischen Stil, die mehrere australische Firmen herstellten. In neuerer Zeit hat die Einführung von Sicherheitsnormen zur Verbesserung der Massenprodukte geführt, so daß sie heute nicht mehr als bedrohlicher Faktor, sondern eher als harmonische Ergänzung zum traditionellen und künstlerischen Bärenangebot der Großen Drei zu werten sind."

LINKS AUSSEN: Ein niederländischer Bär aus den 50er bis 60er Jahren mit urigem breiten Gesicht, Stummelgliedern und großen, bemalten Metallaugen. Sein Äußeres besteht aus billigem Baumwollplüsch mit kontrastierenden Ballen.
LINKS: Im großen Teddy-Rummel entstanden zahlreiche Postkarten, die heute ebenfalls begehrte Sammelobjekte sind.
RECHTS: Importierte Massenware kann schwer zu identifizieren sein, weil oft kein Etikett angebracht ist. Dieser österreichische Bär ähnelt den Zotty-Bären, die Steiff 1951 auf den Markt brachte. Im rechten Ohr trägt er das Schildchen der Firma Fechter.

TEDDYBÄREN AUS ALLER WELT

LINKS AUSSEN: Während die Teddys weiter um die Welt tanzten, stiegen in den 50er Jahren immer mehr Länder in die Massenproduktion von Bären ein.

LINKS: Trotz all ihrer schönen Federn ist diese kleine Dame keine Aristokratin, sondern einer von vielen massengefertigten Bären, die während der 50er Jahre in Israel für den Export hergestellt wurden.

OBEN: Die von Anne-Marie Westberg in den 80er Jahren angefertigte schwedische Bärenfamilie kann Anspruch auf eine Art blaues Blut erheben. Der Stoff mag für Teddybären ungewöhnlich sein, aber in Schweden hat er große Tradition – als Matratzenbezug!

UNTEN: „Die beiden chinesischen Bären in ihren Jacken und Hosen aus Filz und den robusten Plastikstiefeln sind ja richtig entzückend", ruft Wuschel. „China begann diese Art Bär gegen Ende der 40er Jahre herzustellen", erklärt Onkel Brummi. „Sie haben ein rundes Gesicht, eine viereckige Nase, mächtige runde Ohren und große Pfoten mit je drei Klauen."

FRANZÖSISCHE BÄREN

In Frankreich wird getanzt
„In Frankreich gab es schon 1903 eine alte Tradition mechanischer Spielzeugtiere, darunter auch Bären. Teddys wurden zunächst aus Deutschland eingeführt, aber aufgrund der Handelssperren des 1. Weltkriegs…" – „…begannen sie ihre eigenen Bären herzustellen!" trompetet Wuschel dazwischen. – „Richtig!" bestätigt Onkel Brummi. „Im allgemeinen waren die französischen Teddys von geringerer Qualität als ihre deutschen und amerikanischen Artgenossen, denn man benutzte minderwertigen Mohair- oder Kunstseidenplüsch (oft in leuchtenden Farben), grobe externe Gelenke und leicht herausfallende Augen. Als gemeinsame Merkmale wären ein schmaler Rumpf mit minimalem Buckel, gerade Glieder und große, hochsitzende Ohren zu nennen. Die beste handwerkliche Verarbeitung blieb aufziehbaren Bären vorbehalten, die tanzten, Instrumente spielten oder Zirkuskunststücke aufführten."

OBEN UND RECHTS OBEN: Unter den französischen Erzeugnissen sind die mechanischen Bären zu Recht berühmt. Der Eisbär der großartigen Firma Roullet & de Camp (um 1930) schenkt sich Wein ein und „trinkt" ihn. Der Tanzbär (um 1897) stammt von Fernand Martin.

MITTE: Drei typische französische Teddys der 30er Jahre mit kurzem Mohair, schmalem Rumpf und sehr simplen Gelenken

RECHTS: Ein seltener Bär mit der fledermausförmigen Nase und dem Metallknopf (rechts außen) der FADAP (Fabrique Artistique d'Animaux en Peluche, d. h. „künstlerisch gefertigte Plüschtiere"), die sich von 1920 bis in die 70er Jahre hielt.

UNTEN: Ein Bär der Pariser Firma Jan Jac (links) und ein sehr alter französischer Bär von etwa 1919 (Mitte)

RUSSISCHE BÄREN

Liebevolles aus Rußland
In politischen Karikaturen mag der russische Bär eine düstere Figur abgeben, aber hier zeigt er eine freundliche Miene. Von einer bedeutenden Teddybranche konnte in Rußland nie die Rede sein, aber seit dem 2. Weltkrieg brachte sie sowohl mechanische Bären als auch Stofftiere hervor, was einem Bären namens Mischka aus der russischen Folklore zu verdanken sein mag.

OBEN: Drei etwas wehmütig blickende russische Bären aus den 50er Jahren. Sie sind aus Baumwollplüsch zugeschnitten und haben einen runden Kopf mit großen, tief angesetzten Ohren, breitem Gesichtszwickel, quergestickter Nase und traditioneller Mundform (umgedrehtes V). Die Arme sind kurz und stumpf mit tränenförmigen Ballen. Die Beine sind mittellang; nur einer der Bären hat ausgeprägte Füße. Allen Pfoten sind einfache Klauen aufgestickt.

Aufziehbare Bären blieben weiterhin beliebt. Unsere Beispiele liegen in der Mitte zwischen realistischem und Stofftier-Design, da beim Rumpf ein stilisierter Naturalismus eingehalten wird, während die Köpfe eher an Teddys erinnern.

RECHTS: Ein munterer Balalaikaspieler von etwa 1955

OBEN RECHTS: 1977 entstand ein arbeitsamerer Zeitgenosse, der mit Stößel und Mörser in der Küche zur Hand ging. Diese Bären haben ein Metallgerippe und sind mit Baumwollplüsch bezogen.

JAPANISCHE BÄREN

Aus dem Land der aufgehenden Sonne
„Japan hat seit dem 2. Weltkrieg nur selten eine Gelegenheit versäumt, in den Markt einzusteigen, und Teddybären waren da keine Ausnahme", berichtet Onkel Brummi. „Billige Bären aus Japan kamen erstmals in den 20er Jahren auf den Weltmarkt und erwiesen sich als populär. Qualität spielte dabei keine wesentliche Rolle; meist wurde billiges Material verwendet, und in der Herstellung machte man es sich leicht: Die Drahtgelenke waren minderwertig, die Ohren wurden oft in Einschnitte am Kopf hineingeklebt. Gerade, schmale Rümpfe und Glieder sowie die kleinen, runden Füße erinnern an amerikanische und europäische Billigangebote. Seit den 50er Jahren errang Japan die weltweit führende Position in der Herstellung automatisierten Blechspielzeugs und übertrug seine Sachkenntnis auf aufziehbare oder batteriegetriebene Bären. Zwanzig Jahre darauf drangen japanische Hersteller mit maschinengefertigten, gelenklosen Bären aus synthetischen Stoffen erfolgreich ins untere Spektrum des Stofftiermarkts ein. Die zunehmende Verwestlichung fand 1985 schließlich ihren Ausdruck in der ersten japanischen Teddybären-Messe." – „Ob Japan wohl jemals Künstlerbären hervorbringen wird?" sinniert Wuschel. – „Wer weiß! Falls amerikanische Künstlerbären hinreichend gefragt sind, werden die Japaner vielleicht nachziehen."

LINKS: Zwei mit Stoff und Nylonplüsch bezogene mechanische Bären aus den 50er Jahren, deren Körper durch ein Blechgerippe verstärkt ist

UNTEN: Ein Wollplüsch-Bär der 40er Jahre, ungewöhnlicherweise mit gestickten schwarzen Augen

OBEN: Ein japanischer Bär der 40er Jahre mit den riesigen, in einen Schlitz eingesetzten Ohren (die durch einen Drahteinsatz gestützt sind!) und den hübschen, mit einer Spritzpistole aufgetragenen Klauen, wie sie für japanische Bären aus jener Zeit typisch sind

LINKS: Ein früher japanischer Bär, vermutlich aus den 20er Jahren, ist mit Kunstplüsch bezogen, hat Pfoten aus Baumwollsamt und winzige Filzohren. Die senkrecht gestickte Nase und das lange, umgedrehte V für den Mund sind typisch japanische Merkmale.

AUSTRALISCHE BÄREN

Aus dem Land, wo sie alle kopfstehen

„Importierte Teddybären wurden in Australien seit 1908 vermarktet", erzählt Onkel Brummi. „Heimische Bären traten erst 1920 auf den Plan, als die Joy Toy Company (Melbourne) Teddys in ihre Angebotspalette aufnahm. Andere Firmen schlossen sich an, darunter Emil Toys (von 1933 bis in die 80er Jahre), Verna Toys (1941 bis 80er Jahre) und die Berlex Company (50er bis 70er Jahre). Die ersten australischen Teddys waren vollgelenkig, mit hochwertigem Mohair hergestellt und besaßen Glasaugen. Aufgrund des Rohstoffmangels im 2. Weltkrieg entstanden Schafsfellbären und ein spezifisch australisches Modell: ein Bär, der mangels Pappe und Metall ohne Halsgelenk zurechtkommen mußte." – „Ich wette, er litt an Nackenstarre", witzelt Wuschel. – „Billige Einfuhrware aus Asien hat in den 70er Jahren viele australische Firmen vom Markt verdrängt. Andere hielten sich über Wasser, indem sie Bären nach australischem Design in Asien anfertigen ließen, und in neuerer Zeit haben einige kleinere Firmen mit Sammlerbären Erfolge zu verzeichnen."

GANZ OBEN, OBEN UND LINKS: Vier Joy-Toys-Bären der 30er Jahre. Der Teddy im Hut (ganz oben) zeigt einen Nasenstil, den mehrere australische Firmen, u. a. Joy Toys und Emil, bevorzugten: breit und senkrecht gestickt, die Randstiche nach oben verlängert. Joy Toys wurde 1966 an britische Investoren verkauft und konnte sich aufgrund der asiatischen Konkurrenz nicht mehr lange halten. Die obigen zwei Bären bleiben deshalb, vielleicht aus Mitleid mit ihrem Hersteller, demonstrativ im Bett. Unser letztes Beispiel (links) scheint die Bettruhe eher verdient zu haben – aber trotz allem hat sich der leidgeprüfte Bär das gestickte Joy-Toys-Etikett am rechten Fuß bewahrt.

MODERNE SAMMLERBÄREN

Die Bären der Neuen Welle
„Da es immer mehr Bärensammler gab, die Anzahl antiker Bären aber gleich blieb, entwickelten verschiedene Hersteller seit Ende der 70er Jahre ein Sortiment moderner Sammlerbären", erzählt Onkel Brummi. „Die in begrenzter Auflage hergestellten Bären der ‚Neuen Welle' sind gerade selten genug und in vier Kategorien erhältlich. Da gibt es einmal die ‚Alte Garde', liebevoll hergestellte Nachbildungen beliebter Oldtimer, die einige etablierte Firmen auf diese Weise aus der Versenkung hervorgeholt haben. Sie bestehen aus demselben Material wie ihre Vorbilder und sind, soweit es angemessen erscheint, technisch auf gleichem Weg hergestellt, z. B. mit handgestickter Nase. Zweitens gibt es Künstlerbären, die von Teddybärkünstlern in allen erdenklichen Stilformen, vom klassischen Design bis zum völlig Ausgeflippten, entworfen und von Hand gefertigt werden. Drittens kennen wir die Jubiläums- oder Jahrestagsbären, die (oft als Künstlerbären) anläßlich des ‚Geburtstags' alter, gelegentlich auch jüngerer Firmen entstehen. Die vierte Kategorie bilden Charakterbären mit kompletter Persönlichkeit und einigem Hintergrund." – „Wie etwa die Wareham-Bären und die Vanderbears", setzt Wuschel hinzu. „Und meine persönlichen Idole, Humphrey Bärgart und Ingrid Bärman!"

OBEN LINKS: Teddy Blue (1992) war die erste Steiff-Nachbildung für Mitglieder des Steiff-Clubs. Er entspricht dem Vorbild der Teddy-Baby-Serie, die in den 30er bis 50er Jahren beliebt war, aber seine Vorläufer trugen unterschiedliche Farben, u. a. Weiß, Beige und rötliches Braun.

OBEN RECHTS: Sein Kumpan ist ein Jubiläumsbär, mit dem „75 Jahre Hermann" gefeiert werden. Für die spezielle Auftragsarbeit von 1990 wurde traditionelles Material verwendet (Mohair, Filzballen und Holzwollfüllung), das Sammlern das Herz erwärmt.

UNTEN: Die kleinen Patrioten in Rot, Weiß und Blau wurden von Merrythought 1992 in begrenzter Auflage zur Feier des 40. Jahrestags der Krönung Königin Elisabeths II. hergestellt. Als Originalvorlage diente der Merrythought-Krönungsbär von 1953.

OBEN: Die „Vanderbear"-Familie der North American Bear Company ist in der Welt der Charakterbären hochberühmt. Die Garderobe der kleinen Muffy Vanderbear macht ihrem Star-Status alle Ehre. Hier führt sie drei ihrer fünfzig Kostüme vor: als Cowgirl, holländisches Meisje und als Ballerina

LINKS: Pamela Ann Howells entwarf von 1958 bis 1968 Bären der Marke Chiltern, ist aber seither als führende britische Bärenkünstlerin zu unabhängigem Ruhm gelangt. Benjie ist eine ihrer Schöpfungen. Der 1992 angefertigte Bär vereinigt moderne Gestaltung mit gebührender Rücksicht auf traditionelle Techniken und Werkstoffe.

UNTEN: Jennifer, die ihre beste Sonntagstracht angelegt hat, ist trotz ihres altmodischen Charmes eine moderne Kreation (1992) der amerikanischen Bärenkünstlerin Sandy Fleming. Das spitzenbesetzte Kleid und die gekräuselte Haube widerspiegeln die wachsende Nachfrage an kunstvoll ausstaffierten Bären.

LINKS: Die amerikanische Bärenkünstlerin Sue Lain verwendet große Sorgfalt darauf, jedem ihrer Bären einen ganz persönlichen, ansprechenden Ausdruck zu verleihen. Abbey mit dem entzückenden Strohhütchen und Albert im Overall (er hat gerade Blaubeeren gepflückt) sind gute Beispiele für den frischen Charme ihrer Kreationen. Abbey wird mit einem Kleid aus edlen Stoffen geliefert.

BÄRENPFLEGE

OBEN: *Ein häufiges Leiden geliebter Bären ist der schlaffe Arm, weil der Teddy immer am selben Arm gehalten wurde, bis die Füllung nachgab!*

Rettet unsere Bären!
„Du wirst begreifen", sagt Onkel Brummi mit Nachdruck, „daß Bären gut gepflegt werden müssen. Ganz gleich, ob sie teure Antiquitäten, Künstlerbären oder eben Spielkameraden für Kinder sind – Teddybären muß man rücksichtsvoll behandeln!" – Wuschel ist es recht. Er fängt gleich an zu dichten: „Ein Bär wird häufig abgenutzt, grob zerzaust und arg verschmutzt. Drum pflege deinen Bären gut – vor Schäden sei stets auf der Hut!"

SCHUTZ: Denken Sie daran, Ihren Bären am Rumpf aufzunehmen, nicht am Arm oder an einem Ohr. Grobe Behandlung bewirkt Schäden an der Füllung, so daß der Bär schlaffe Arme bekommen oder ein Ohr verlieren kann. Setzen Sie Ihren Bären nach Möglichkeit keinen größeren Temperaturschwankungen aus und meiden Sie starke Sonneneinstrahlung, die das Fell ausbleicht. Vor allem an bekleideten Bären könnte der Unterschied in der Farbnuance unangenehm auffallen! Teure Antiquitäten werden am besten in einer Vitrine aufbewahrt oder mit Rücksicht auf den Mohairpelz wenigstens eingekleidet.

REPARATUR: Größere Reparaturen erfordern eine sachkundige Operation, aber kleine Ausbesserungen lassen sich zu Hause vornehmen. Den stärksten Verschleiß zeigen gewöhnlich die Ballen und Pfoten. Abgenutzte Ballen werden am besten mit einem Stück Filz bedeckt, das ein wenig größer ist als das Original; der Filz wird am Rand ringsum ordentlich festgenäht. Auf jeden Fall geht so kein Füllmaterial mehr verloren. Außerdem bleibt der Originalballen erhalten, bis er professionell ersetzt oder repariert werden kann. Zur Sicherheit sollten Sie auch gelegentlich alle Nähte überprüfen. Mit ein paar Nadelstichen zur rechten Zeit bleibt Ihnen eine Menge Kummer erspart.

LINKS UND RECHTS: *Den Bären einzukleiden bietet für den Mohairpelz wirksamen Schutz gegen Licht und Staub. Sie können hierfür klassische Puppenkleider, Kleidungsstücke für Kleinkinder oder ein selbstgeschneidertes Kostüm benutzen.*

BÄRENPFLEGE

REPARATUR: Gesichtsreparaturen sind oft leichter als man denkt. Man kann Ersatzaugen kaufen (Schuhknöpfe oder Glas) und sie von außen annähen. Es gibt auch Sicherheitsaugen; aber sie sind schwerer anzubringen, und man muß dem Bären zuerst den Kopf abnehmen. Als einfacher Ersatz für Sicherheitsaugen kann bei einem Kinderbär ein alter Hosenknopf mit vier Löchern gute Dienste leisten, wenn er besonders fest angenäht wird. Nase, Mund und Klauen können mit starker, gezwirnter Stickseide oder Wolle neu aufgenäht werden, wobei man vor der Beseitigung der alten Fadenreste den ursprünglichen Umriß möglichst mit Schneiderkreide markieren sollte.

LINKS: Selbst der angeschlagenste Bär kann vom Fachmann gerettet werden. Brandneu wird der Teddy nachher wohl nicht aussehen, aber zumindest läßt sich seine Würde wiederherstellen. Vielleicht teilt man Ihnen sogar mit, daß Sie einen Bären von äußerst edler Abkunft besitzen, wie etwa einen frühen Steiff!

LAGERUNG: Falls Sie Ihren Bären für längere Zeit lagern müssen, sollten Sie ihn unter keinen Umständen in eine Polyäthylentüte stecken, weil er dann Feuchtigkeit anziehen würde. Packpapier ist ideal, weil es ihn „atmen" läßt. Ein mit Seidenpapier gefüllter robuster Karton ist ebenfalls geeignet. Bewahren Sie einen ungeschützten Teddy niemals auf dem Dachboden oder in einem Schrank auf; Motten und andere Insekten könnten sich ohne weiteres ins Gewebe eingraben und dort ihre Eier ablegen, was großen Schaden anrichtet. Feuchte Schuppen oder Garagen sind auf jeden Fall zu meiden. Durch die Feuchtigkeit verklumpt sich die Füllung, und die Metallstifte in den Gelenken können so sehr einrosten, daß sich nichts mehr bewegt.

RECHTS: Wickeln Sie Ihren Bären in ein sicheres Päckchen aus Packpapier ein oder lagern Sie ihn in einem Karton, um ihn vor der Zerstörung durch Motten und andere Insekten zu schützen.

REINIGUNG: Einen neuen Bären braucht man nur gelegentlich mit einer weichen Bürste zu behandeln. Muß Ihr Bär jedoch gereinigt werden, können Sie das selbst machen. Sie brauchen zwei Schalen warmes Wasser und zwei zusätzliche weiche Bürsten. Geben Sie in der einen Schale eine Kappenportion flüssiges Waschmittel für empfindliche Stoffe oder Wolle hinzu und schlagen Sie die Lösung schaumig. Nachdem Sie an Ihrem Bären mit einer normalen Bürste sanft allen Staub herausgebürstet haben, nehmen Sie eine der anderen Bürsten und tragen mit kreisenden Bewegungen ein wenig Schaum – nicht Wasser – auf sein Fell auf. Sobald der Bär rundum auf diese Weise behandelt ist, „spülen" Sie ihn mit der dritten Bürste behutsam ab: Sie tunken hierbei die Bürste in die Schale mit klarem Wasser ein, schütteln überschüssiges Wasser von ihr ab und bearbeiten den Bären sorgfältig und kreisend, bis der Schaum entfernt ist. Falls die Oberfläche irgendwo naß wird, tupfen Sie die Stelle sofort mit einem weichen Handtuch ab. Lassen Sie den Bären in natürlicher Umgebung trocknen, keinesfalls an einem zu warmen Ort.

OBEN LINKS: Bürsten Sie den Bären sanft mit einer Babybürste, um Staub aus dem Flor zu entfernen.

OBEN RECHTS: Benutzen Sie nur Schaum, um den Bären zu säubern, und bürsten Sie mit sanften, kreisenden Bewegungen.

TEDDYBÄREN ZUM SELBERMACHEN

DIE ENTSTEHUNG EINES FAMILIENERBSTÜCKS

Für das Aussehen des fertigen Bären spielt die Wahl des Stoffes eine entscheidende Rolle. Die abgebildeten Bären sind alle nach demselben Grundmuster geschneidert, aber unterschiedliche Stoffe und Florlängen sorgen für erhebliche Variationen im Erscheinungsbild.

Ihren eigenen Teddy herzustellen, wird Ihnen sicher großes Vergnügen bereiten. Ein handgefertigter Bär kann zum kostbaren Geschenk oder Erbstück werden; falls Sie Bären sammeln, wird der selbstgeschaffene Bär Ihnen sicher besonders ans Herz wachsen.

Es ist natürlich von Vorteil, wenn Sie schon ein wenig schneidern können, aber Sie schaffen es auch ohne solche Kenntnisse. Im letzteren Fall sollten Sie sich an einem Synthetikfell mit Gewebegrund versuchen, mit einer Florlänge von 5–10 mm. Ein solches Material läßt sich leichter handhaben und ist erheblich billiger als Mohair.

Teddybären für Kinder sollten den geltenden Sicherheitsvorschriften entsprechen. Kaufen Sie Ihr Material und die Füllung bei einem Lieferanten, dessen Angebot dieser Bedingung genügt, und verwenden Sie Sicherheitsaugen aus Kunststoff, die mit einer Unterlegscheibe ordnungsgemäß zu befestigen sind (wenn der Bär fertiggestellt ist, sollte es unmöglich sein, die Fingernägel unter die Augen zu schieben). Das Muster ist nach Möglichkeit vereinfacht worden. Lesen Sie aber vor dem Materialkauf die Instruktionen sorgfältig durch.

Materialien

30 cm großer Teddybär

25 cm gewebter Stoff, 140 cm breit
3 36-mm-Scheiben-/Splintgelenk-Bauteilsets
2 25-mm-Scheiben-/Splintgelenk-Bauteilsets
1 Paar 10–12 mm große Sicherheitsaugen

35 cm großer Teddybär

30 cm gewebter Stoff, 140 cm breit
5 36-mm-Scheiben-/Splintgelenk-Bauteilsets
1 Paar 12–13,5 mm große Sicherheitsaugen

43 cm großer Teddybär

40 cm gewebter Stoff, 140 cm breit
2 36-mm-Scheiben-/Splintgelenk-Bauteilsets
3 50-mm-Scheiben-/Splintgelenk-Bauteilsets
1 Paar 14–15,5 mm große Sicherheitsaugen

ALLE BÄREN

1 Rolle extrastarkes Knopfgarn
1 Rolle farblich passendes, schweres Maschinennähgarn
1 strapazierfähige Nähmaschinennadel
1 lange Stopfnadel
1 Nadelzange mit feiner Spitze
1 scharfe, etwa 16 cm lange Schere mit dünnen Schneiden
1 Stricknadel oder 1 Fleischspieß
Dunkelbraunes oder schwarzes Stickgarn
15 x 20,5 cm großes Rechteck aus weichem Velours, Leder, schwerem Wollfilz, Samt oder Möbelbezugsstoff
225 g erstklassiges Polyester-Füllmaterial
Holzlöffelgriff oder Holzdübel fürs Ausstopfen
1 schwarzer Markierstift (lichtechte Tinte)
1 Bogen dünner Karton (50 x 70 cm) oder mehrere Cornflakes-Schachteln
1 Klebestift
Glaskopf-Stecknadeln

Musterschablonen sind auf den Seiten 148–151 zu finden. Für den 35 cm großen Bären müssen Sie jede Schablone zweimal fotokopieren oder durchpausen, das Teil für den Mittelkopf einmal. Schneiden Sie alles aus, kleben Sie die Teile mit mindestens 5 cm Abstand auf den dünnen Karton. Zeichnen Sie um jede Schablone eine 6 mm breite Nahtzugabe. Machen Sie ein Loch an den Befestigungspunkten, die an Kopf-, Bein- und Armschablonen markiert sind. Markieren Sie die Abnäher (nicht einschneiden!) und auf der Unterseite eines der beiden Musterstücke in jedem Paar die Pfeilrichtungen.

Um den 30 cm großen Bären herzustellen, verkleinern Sie die Schablonen mit einem Fotokopierer auf 85 %.

Um den 43 cm großen Bären herzustellen, vergrößern Sie die Schablonen mit einem Fotokopierer auf 115 %.

Wichtig: Denken Sie daran, um jede Schablone eine 6 mm breite Nahtzugabe für den Saum hinzuzufügen.

Sie sollten jetzt neunzehn Musterstücke haben, nämlich einen Kopfmitteleinsatz und neun Paar Musterstücke für Glieder, Kopf und Rumpf.

1. Bestimmen Sie die Strichrichtung des Flors auf dem Gewebe, indem Sie feststellen, in welcher Richtung er sich glattstreichen läßt.

oder

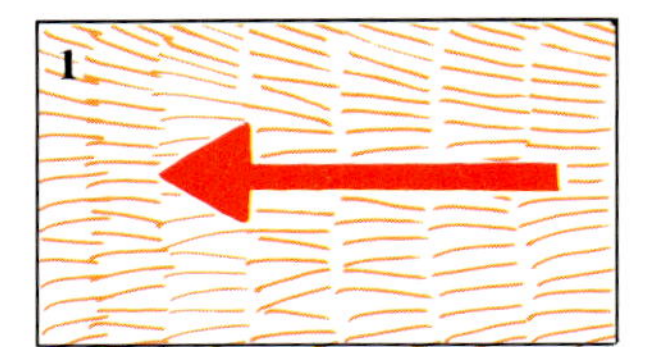

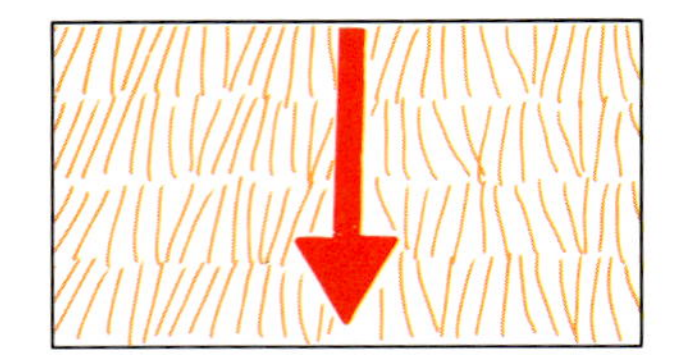

Markieren Sie den Stoff auf der linken Seite (Unterseite) mit einem Pfeil, der die Strichrichtung angibt. Sehen Sie in den Grundrissen auf den Seiten 150/151 nach, um die Musterstücke so zurechtzulegen, daß die Pfeile auf dem Stoff und dem Muster unbedingt in dieselbe Richtung weisen. In jedem Musterpaar sollte eines der Stücke spiegelverkehrt liegen.

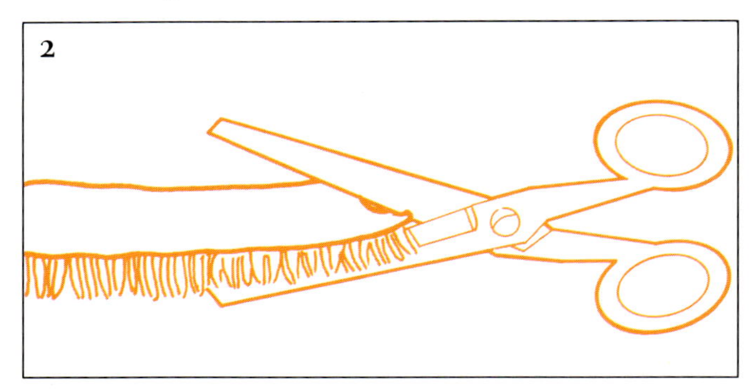

2. Umzeichnen Sie jedes Musterstück mit dem Stift (Karton nicht verrutschen!). Schneiden Sie die einzelnen Stücke aus. Durchtrennen Sie beim Fellstoff nur das Grundgewebe, nicht den Flor, indem Sie die untere Schneide der Schere sorgfältig zwischen den Fasern vorwärtsschieben und die Schneide ständig in Kontakt mit dem Grundgewebe halten. Schneiden Sie nicht in die Abnäher. Anschließend die Musterstücke für die Pfoten- und Fußballen übertragen.

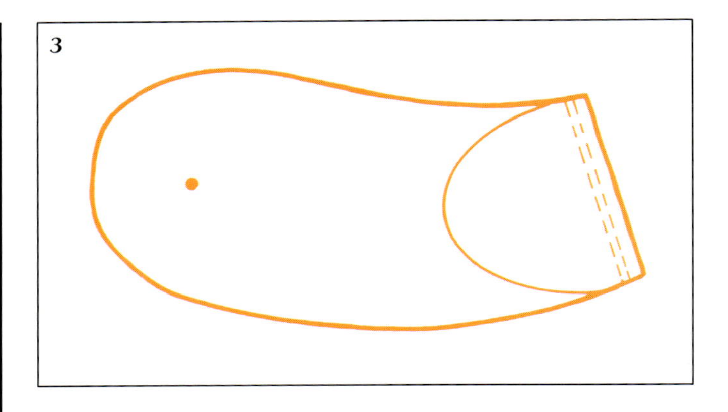

3. Stecken Sie jede Pfote rechts auf rechts an die entsprechende Arminnenseite, dann heften und mit einer Doppelnaht steppen. Dabei trifft D auf D und E auf E.

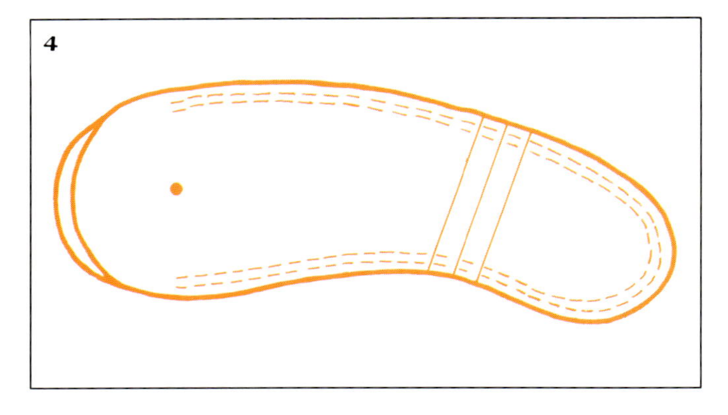

4. Stecken Sie Arminnen- und -außenseite zusammen und heften sie. Lassen Sie zwischen den beiden X-Punkten am oberen Ende eine Lücke. Mit Doppelnähten steppen.

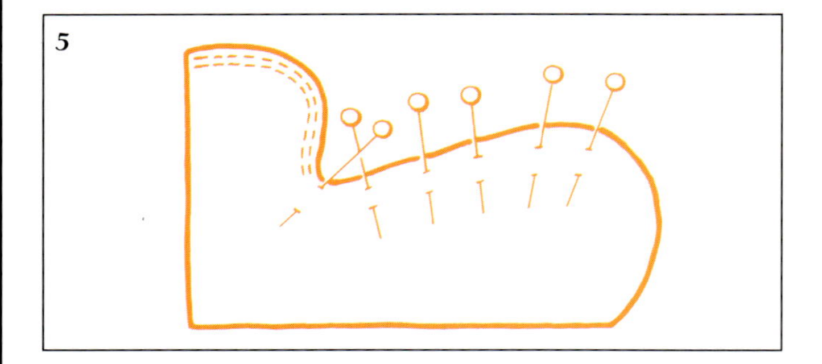

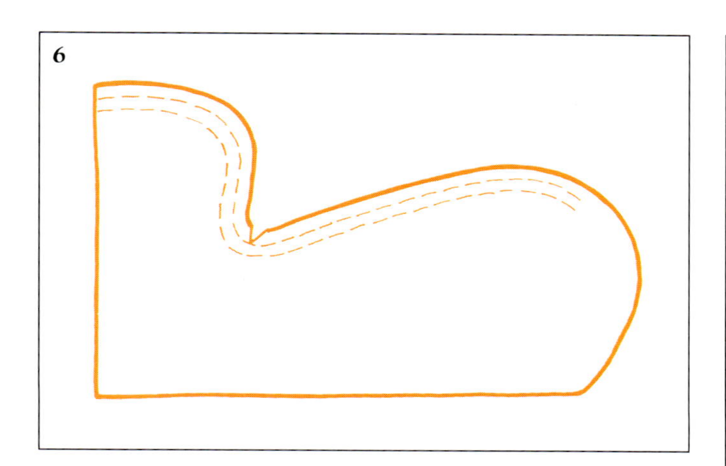

6. Schneiden Sie im Winkel zwischen Fuß und Bein die Nahtzugabe zur Hälfte ein.

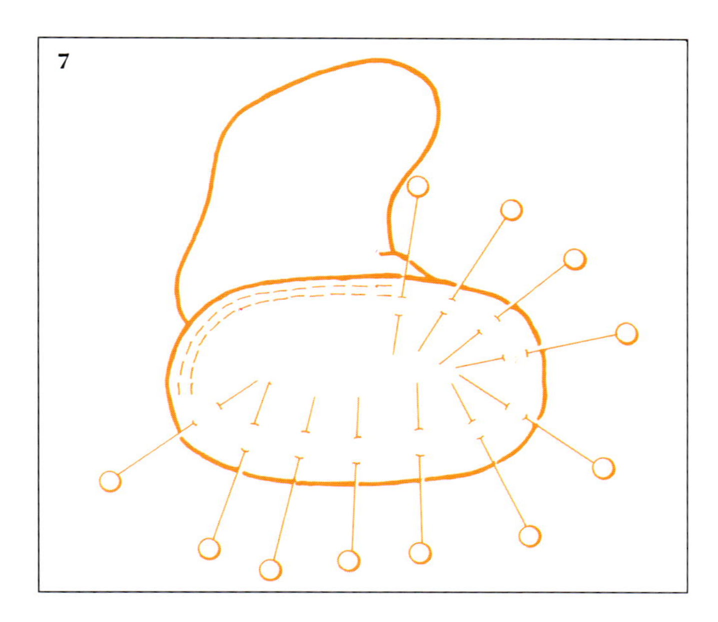

7. Passen Sie die Fußballen an die Beine an, so daß F auf F und G auf G kommt. Stecken, heften und doppelt nähen; stülpen Sie dann die rechte Seite des Beins nach außen.

8. Wenden Sie die zwei Rumpfseitenstücke mit den rechten Seiten zueinander und fügen Sie die Kopfpositionen bei Punkt H zusammen. Glätten Sie die zwei Stücke zueinander, bis sie perfekt passen. Stecken, heften und mit Doppelnaht steppen; lassen Sie dabei eine Öffnung zwischen den mit X markierten Punkten. Sie brauchen diese, um Kopf und Glieder am Rumpf anzubringen und die Rumpfhöhlung auszustopfen. Stülpen Sie die rechte Seite nach außen.

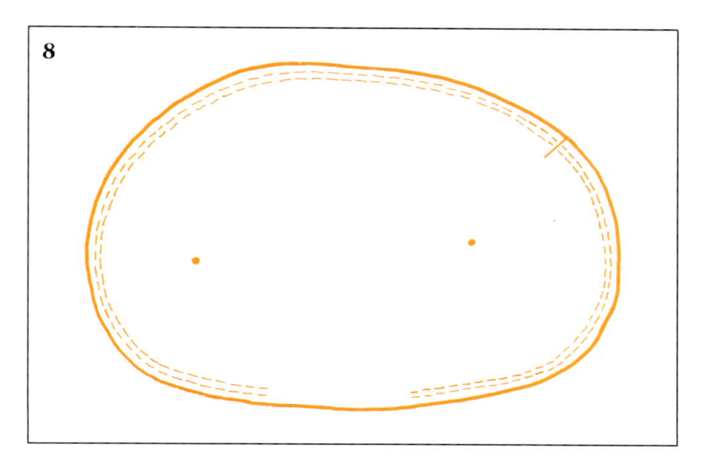

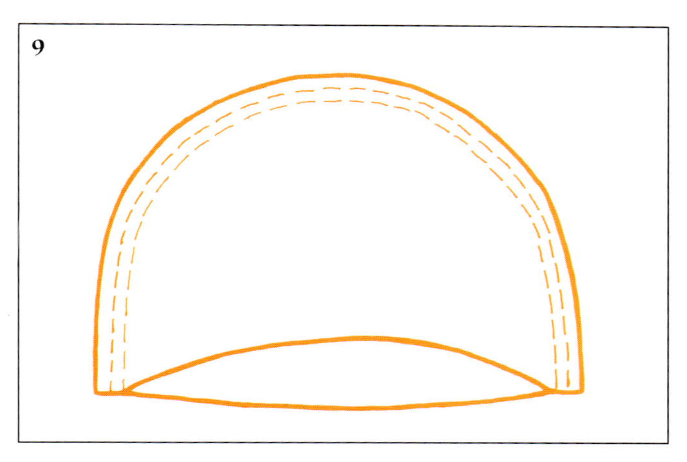

9. Stecken Sie die Ohrstücke rechts auf rechts zusammen, und lassen Sie sie unten offen. Sie müssen dann den ganzen Halbkreis heften und mit doppelter Naht steppen. Stülpen Sie die rechte Seite nach außen.

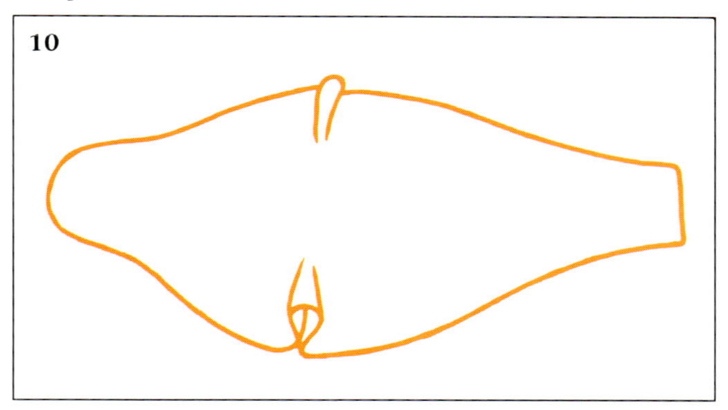

10. Als nächstes werden die beiden Abnäher am Kopfmitteleinsatz geheftet und mit doppelter Naht gesteppt, so daß die rechten Seiten aufeinanderkommen.

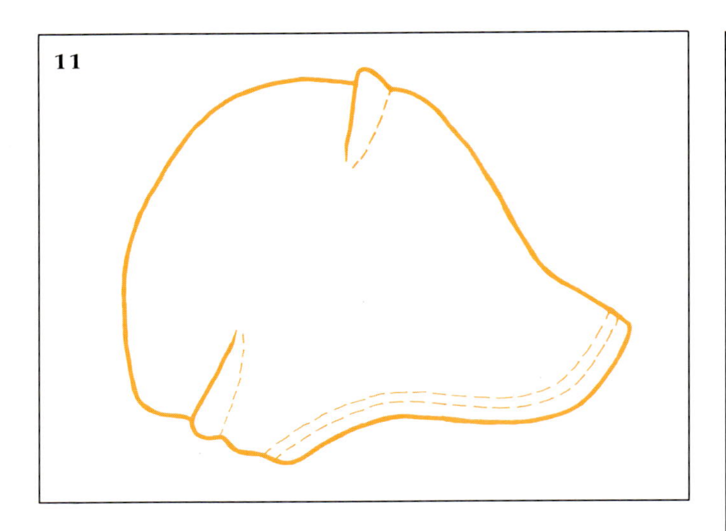

11. An den beiden Kopfseitenstücken nähen Sie jeweils den Abnäher am Scheitel und den Abnäher am Halsrand doppelt. Stecken Sie die beiden Kopfseitenstücke zusammen, so daß A auf A und C auf C kommt. Heften und nähen Sie von A bis C.

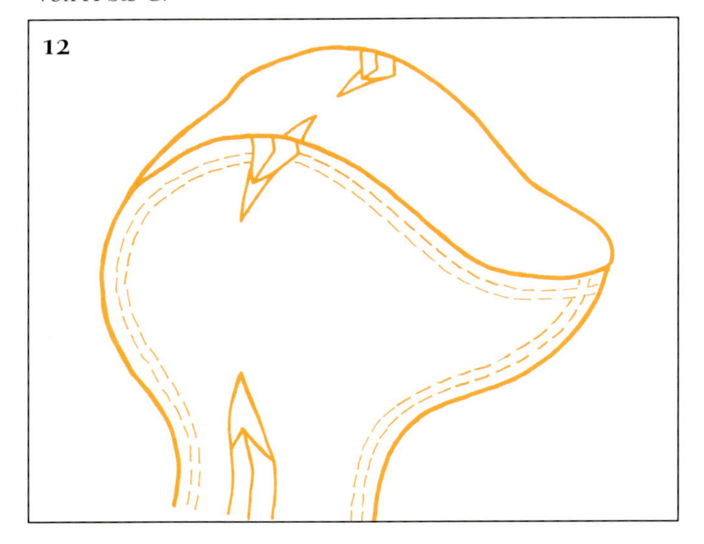

12. Breiten Sie die Kopfseitenstücke aus. Kopfmitteleinsatz mit einer Stecknadel mit Punkt A an den Punkt A, der die Kopfseitenstücke verbindet, heften. Alle rechten Seiten sind innen. Bringen Sie die Abnäher im Mitteleinsatz mit denen am Scheitel der Seitenstücke zusammen. Heften. Bringen Sie die Stücke sorgfältig in Position, so daß am hinteren Halsrand B auf B kommt. Kopfstücke von B bis C nähen, Halsöffnung offen lassen. Nasenbereich besser mit der Hand nähen! Stülpen Sie die rechte Seite nach außen.

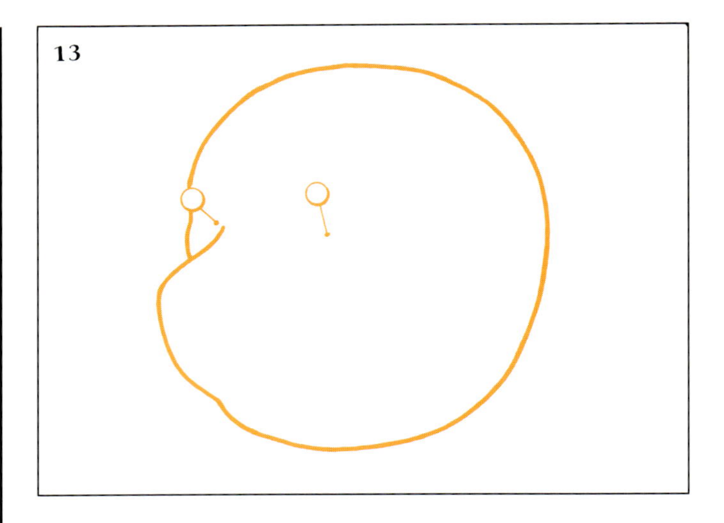

13. Füllen Sie den Kopf locker mit Füllmaterial, so daß die Form sichtbar ist. Erproben Sie geeignete Augenpositionen, indem Sie zwei Glaskopf-Stecknadeln einsetzen. Kennzeichnen Sie die gewählten Positionen mit dem Markierstift und entfernen Sie die provisorische Füllung.

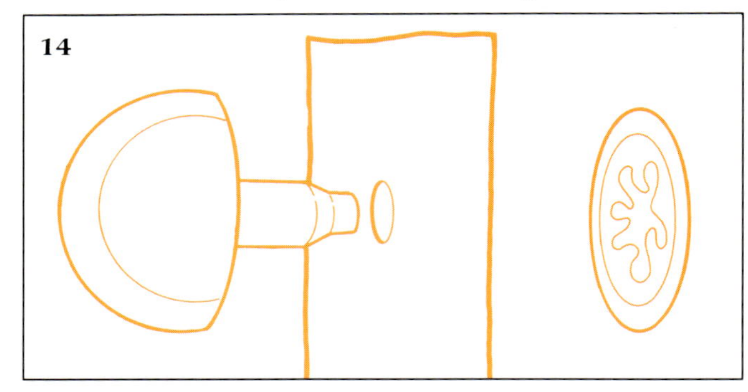

14. Bohren Sie an jeder Augenmarkierung mit einer Stricknadel ein Loch. Drücken Sie den Augenstiel durch das Loch. Bringen Sie von innen die metallene Unterlegscheibe auf dem Stiel an, die Zähne vom Auge fortgewandt, und pressen Sie ihn fest ans Auge.

15. Stopfen Sie im Kopf als erstes die Nase aus. Schieben Sie kleine Stücke Füllmaterial in die Nase, wobei Sie die Form langsam und gleichmäßig ausbauen und mit einem Holzlöffelgriff oder Holzdübel festigen. Fahren Sie mit dem Rest des Kopfes fort, angefangen beim Scheitel. Vergewissern Sie sich, daß alle Teile des Kopfes, vor allem der Nasenbereich, gut und gleichmäßig ausgestopft sind. Allgemein gilt: Je mehr Füllmaterial man verwendet, um so fester wird der Bär, um so besser behält er seine Form.

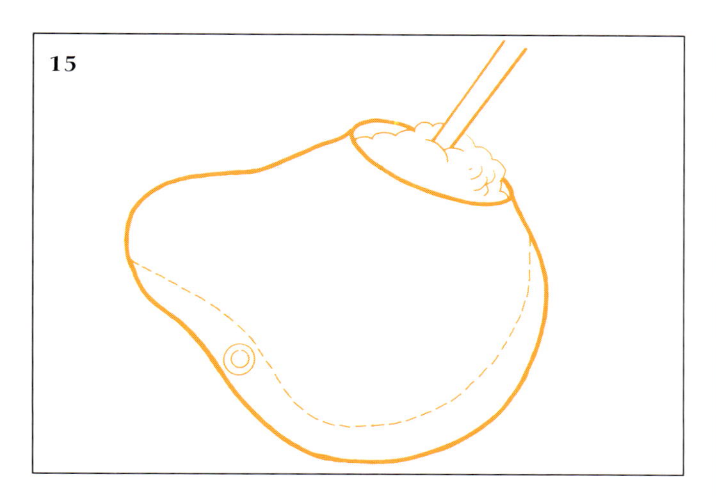

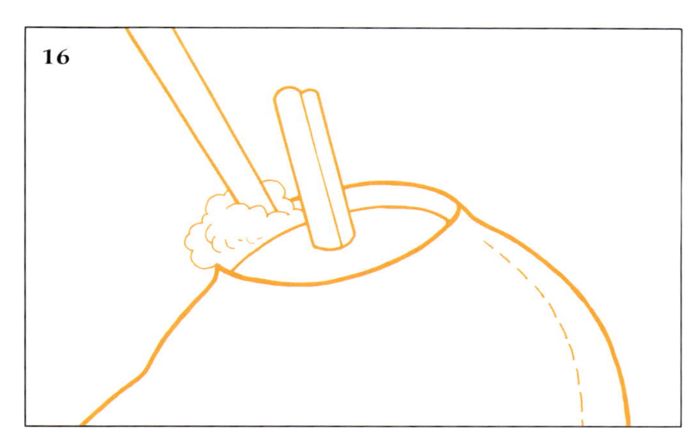

16. Nehmen Sie einen Splint und bringen Sie ihn auf einer Unterlegscheibe an; dann kommt eine Scheibe darauf (benutzen Sie hierfür bei 30 cm und 43 cm großen Bären die größeren Scheiben). Stellen Sie den Kopf auf den Scheitel und legen Sie Scheibe und Splint oben auf die Füllung.

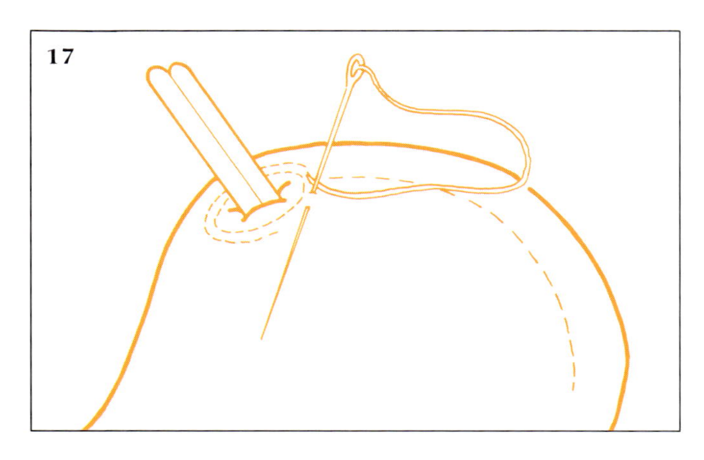

17. Nähen Sie mit doppeltem Knopfgarn im Vorderstich rund um den Hals und ziehen Sie den Stoff über der Scheibe straff zusammen, so daß der Splint weiter herausragt. Nähen Sie über den gerafften Hals hin und her, bis alles fest ist. Sichern Sie den Restfaden durch Knoten.

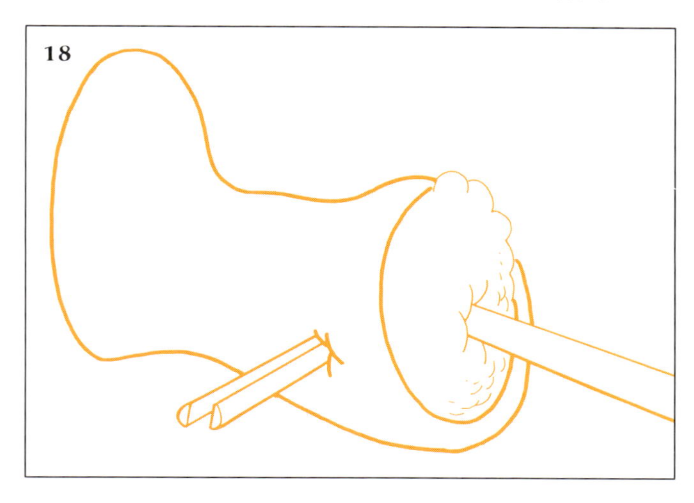

18. Stopfen Sie Arme und Beine genauso aus. Füllen Sie sie jeweils zur Hälfte auf. Setzen Sie wie vorher einen Splint, eine Unterlegscheibe und eine Scheibe zusammen (für die Beine die größeren Scheiben). Von der Innenseite des Glieds her machen Sie an der markierten Stelle ein Loch. Schieben Sie von innen den Splint durch das Loch.

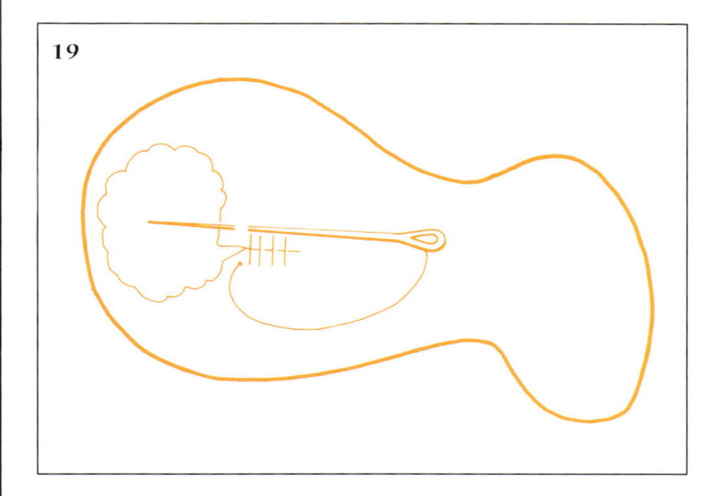

19. Stopfen Sie das Glied fertig aus und schließen Sie die Öffnung im Hexenstich, wobei Sie doppeltes Knopfgarn benutzen und die Stiche straffziehen. Stellen Sie sicher, daß die Ränder in der Naht versteckt sind.

20. Schlagen Sie an den offenen Nähten der Ohren 6 mm ein und heften Sie sie zusammen. Plazieren Sie die Ohren am Kopf in einer gefälligen Position und heften Sie sie mit Stecknadeln an. Nähen Sie im Hexenstich mit Knopfgarn um den Ohrenansatz.

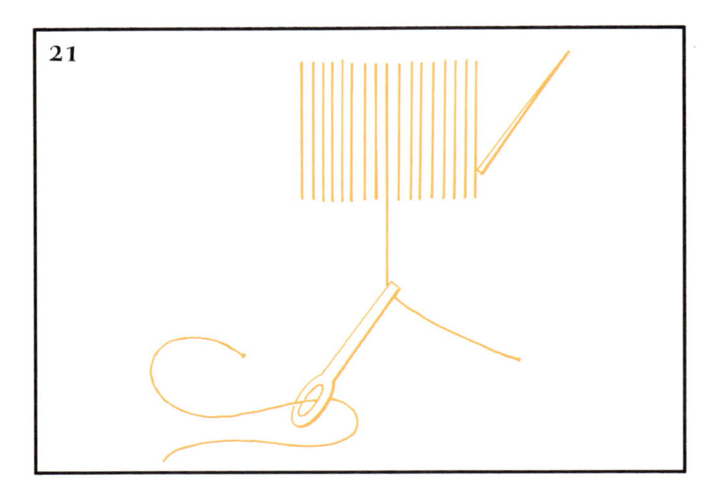

21. Sticken Sie mit dunklem Garn je vier Klauen an die Füße und Pfoten und mit farbgleichem Garn mit horizontalem oder vertikalem Flachstich die Nase. Um den Mund zu formen, beenden Sie die Stiche nicht an der Nase, sondern stechen die Nadel am einen Mundende ein und am anderen aus, so daß an der ersten Seite der Faden als Schlaufe hängt. Stechen Sie die Nadelspitze innerhalb der Schlaufe in der Mundmitte wieder ein und an der Seite der Nase aus, ziehen Sie den Faden an und stellen Sie die Nase säuberlich fertig.

22. Schieben Sie eine Stricknadel durch die Rumpfnaht an Punkt H, so daß sie wirklich durch die Mitte der Naht geht. Nehmen Sie den Kopf und schieben Sie dessen Splint durch dieses Loch im Rumpf hinab. Bringen Sie an der Innenseite des Rumpfs eine Scheibe und dann eine Unterlegscheibe auf dem Splint an. Drücken Sie die Hälften des Splints auseinander. Fassen Sie eine Seite des Splints mit der Nadelzange und biegen Sie sie zur Spirale. Machen Sie mit der andern Seite dasselbe, so daß sich beide Spiralen fest auf die Unterlegscheibe pressen. Prüfen Sie den festen Sitz des Gelenks und justieren Sie nach Bedarf. Bringen Sie ebenso die Glieder am Rumpf an, wobei Sie die auf den Schablonen markierten Positionen verwenden, um die Gelenke richtig zu plazieren.

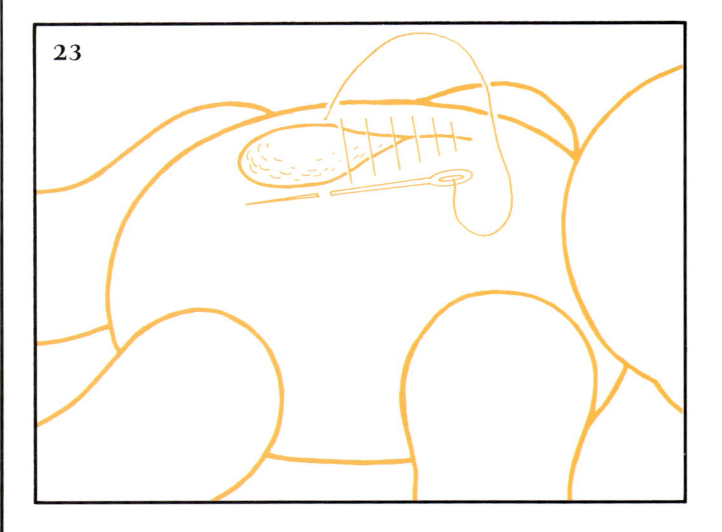

23. Stopfen Sie alle Bereiche des Rumpfes fest aus; achten Sie besonders auf Hals, Schultern, Leistengegend und untere Aushöhlung. Rücken im Spannstich schließen.

Kleidung für Bären

Schal (30-cm-Bär)

Materialien

9 x 38 cm großer Streifen feiner Baumwolltrikot
1 Rolle farbgleiches Perlgarn Nr. 5
Nähgarn

Falten Sie den Stoff zur Hälfte, die rechten Seiten innen. Nähen Sie die Längsseiten zusammen und lassen Sie in der Mitte ein paar cm offen. Wenden Sie den Stoff und nähen Sie die Öffnung zu. Perlgarn in 8 cm lange Stücke schneiden, an den Enden des Schals mit einer feinen Häkelnadel jeweils drei oder vier Fäden durchziehen. Verknoten und gerade schneiden.

Kleid (35-cm-Bär)

Materialien

50 cm Kleiderstoff
Schrägstreifen
Farblich passendes Nähgarn
1 kleiner Knopf
Spitzen- oder Zickzackborte (wahlweise)

Schneiden Sie die Schablonen auf S. 153 aus Papier zurecht. Falten Sie den Stoff zur Hälfte, mit den rechten Seiten innen. Vorderteil des Schnittmusters an die Bruchkante legen, Rücken und Ärmel zunähen. Rückwärtige Mittelnaht bis zum Punkt im Schnittmuster zunähen. Schlitz versäubern. Seitennähte und Ärmelnähte schließen. Rechts auf rechts die Ärmel an die entsprechenden Markierungen einsetzen. Den Halsrand mit zwei Reihen Vorstichen ausarbeiten und kräuseln. Den Halsausschnitt mit Schrägstreifen einfassen. Die unteren Ärmelkanten mit Schrägstreifen zusammenfassen, so daß der Arm des Bären hindurchpaßt. Am Rücken Knopf und Schlinge anbringen.

Weste (43-cm-Bär)

Materialien

31 x 31 cm großes Quadrat aus Filz,
feinem Leder oder Samt
3 kleine Knöpfe

Benutzen Sie die Schablonen auf S. 152, um die Musterstücke (mit 6 mm Nahtzugabe) auszuschneiden. Schließen Sie die Schulter- und Seitennähte, rechts auf rechts. Nähte ausbügeln. Nähen Sie einen 3-mm-Saum auf der linken Seite der verbleibenden Schnittkanten mit der Maschine. Markieren und schneiden Sie drei gleich große Löcher auf der linken Seite der Weste und nähen Sie die Knöpfe an.

D **PFOTENBALLEN** E

ZWEIMAL ZUSCHNEIDEN

(EINMAL SPIEGELBILDLICH)

Zeh F

G
Mitte
Rückseite des Beins

Zeh F

BEIN

ZWEIMAL ZUSCHNEIDEN

(EINMAL SPIEGELBILDLICH)

X

X

G
Ferse

FUSSBALLEN

ZWEIMAL ZUSCHNEIDEN

Zeh F

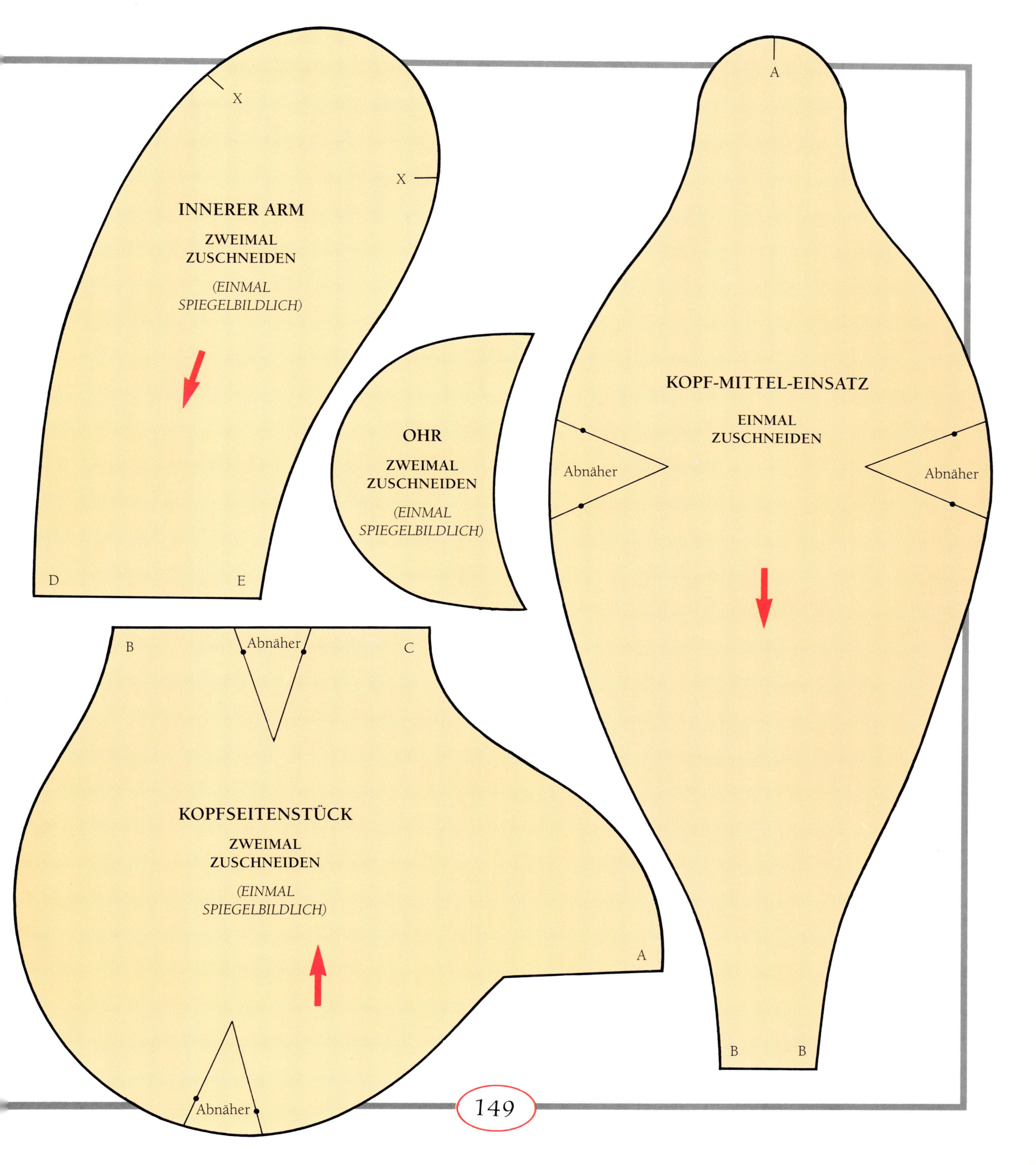
INNERER ARM
ZWEIMAL ZUSCHNEIDEN
(EINMAL SPIEGELBILDLICH)
X
X
D
E
OHR
ZWEIMAL ZUSCHNEIDEN
(EINMAL SPIEGELBILDLICH)
KOPF-MITTEL-EINSATZ
EINMAL ZUSCHNEIDEN
A
Abnäher
Abnäher
B
B
KOPFSEITENSTÜCK
ZWEIMAL ZUSCHNEIDEN
(EINMAL SPIEGELBILDLICH)
B
C
Abnäher
A
Abnäher

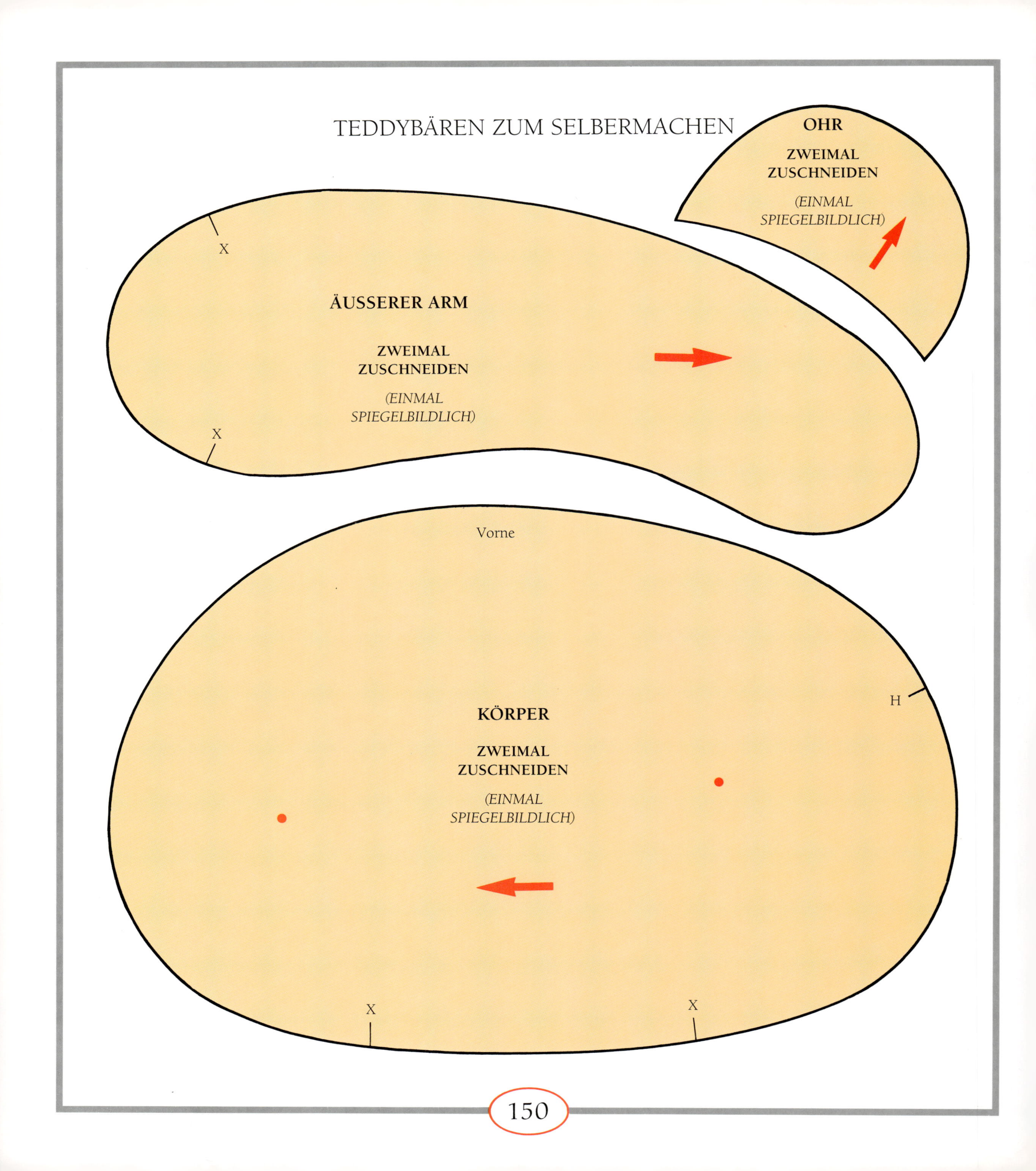
OHR
ZWEIMAL
ZUSCHNEIDEN
(EINMAL
SPIEGELBILDLICH)
X
ÄUSSERER ARM
ZWEIMAL
ZUSCHNEIDEN
(EINMAL
SPIEGELBILDLICH)
X
Vorne
H
KÖRPER
ZWEIMAL
ZUSCHNEIDEN
(EINMAL
SPIEGELBILDLICH)
X
X

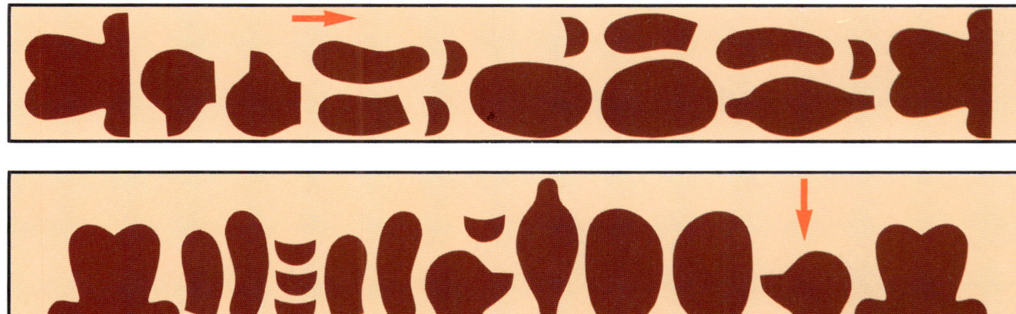

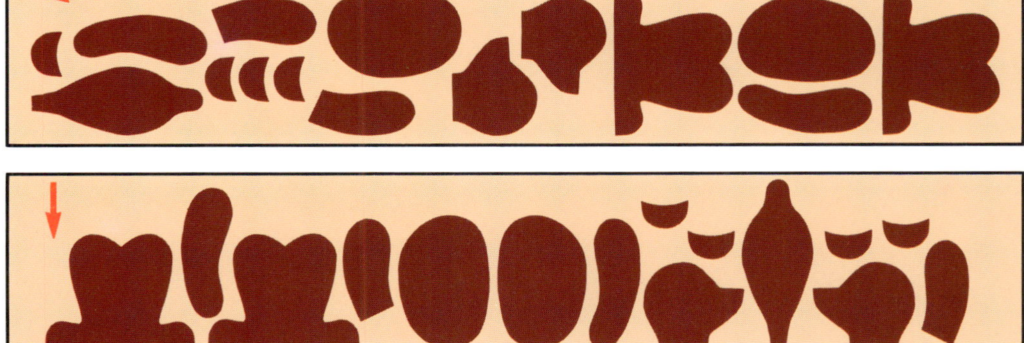

WESTE,VORDERTEIL
ZWEIMAL
ZUSCHNEIDEN
(EINMAL
SPIEGELBILDLICH)
WESTE,RÜCKENTEIL
EINMAL
ZUSCHNEIDEN
Anlegen am Stoffbruch

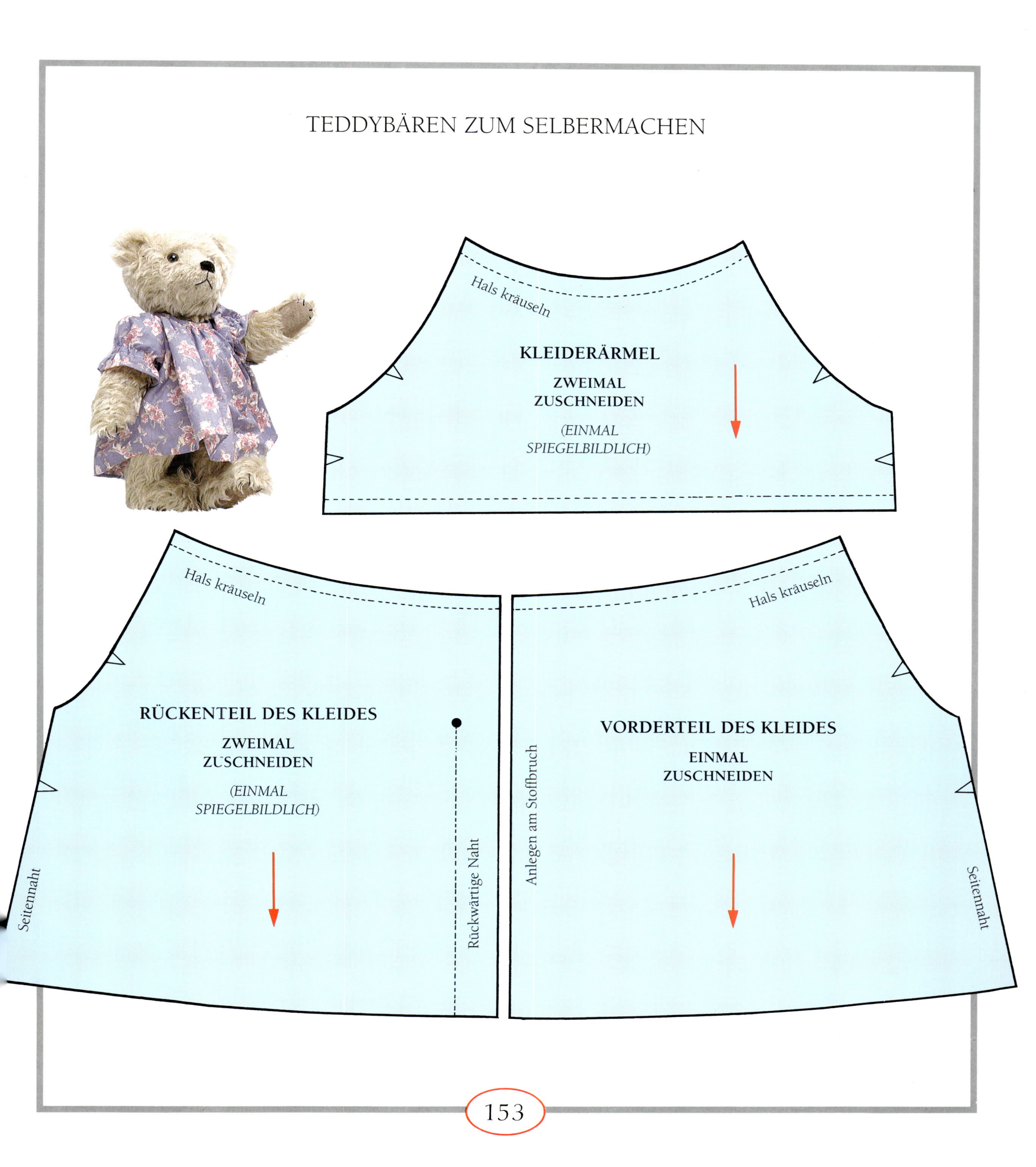
Hals kräuseln
KLEIDERÄRMEL
ZWEIMAL ZUSCHNEIDEN
(EINMAL SPIEGELBILDLICH)
Hals kräuseln
RÜCKENTEIL DES KLEIDES
ZWEIMAL ZUSCHNEIDEN
(EINMAL SPIEGELBILDLICH)
Seitennaht
Rückwärtige Naht
Hals kräuseln
VORDERTEIL DES KLEIDES
EINMAL ZUSCHNEIDEN
Anlegen am Stoffbruch
Seitennaht

REGISTER

REGISTER

DANKSAGUNG

Die Autoren und Herausgeber danken insbesondere den folgenden Personen und Einrichtungen für die Genehmigung, ihre Bären zu fotografieren, und für ihre großzügige Hilfe bei der Zusammenstellung dieses Buchs (Teddybär-Museen und -Geschäfte sind durch Fettdruck hervorgehoben):

Dottie Ayres 19, 24, 32, 35, 37, 39, 41, 42, 43, 44, 46, 47, 49, 62, 72, 74, 77, 85, 131; Brian Beacock 17, 18, 19, 73, 94, 99, 106, 107, 109, 110, 117, 121, 124, 125; **The Bear Garden, Guildford** 40, 122, 123, 136; **Michele Brandreth, The Teddy Bear Museum, 19 Greenhill Street, Stratford upon Avon** 22, 60, 66, 70, 86, 114, 132, 133, 134; Gina Campbell 82; Mrs. S.J. Davies, Chatterbox, Midhurst, West Sussex 138; Peter and Frances Fagan, Colour Box Miniatures Ltd 48, 49, 50, 51, 83, 84, 85, 88, 114, 139; Françoise Flint 10, 14, 17, 19, 20, 27, 28, 30, 38, 42, 45, 46, 47, 54, 57, 60, 61, 64, 73, 80, 81, 94, 107, 124, 125, 132, 134, 138; Gerry Grey 17, 18, 19; **Paul Goble's Bears and Friends, 32 Meeting House Lane, Brighton** 29, 56, 62, 72, 110, 120, 138; Dee Hockenberry 46; Mary Holden, Only Natural, Turnbridge Wells, Kent 16, 17, 140-153; Oliver Holmes, Merrythought Ltd 92, 93, 95, 136; Wendy Lewis 26, 28, 30, 33, 49, 54, 56, 62, 63, 72, 74-75, 75, 79, 80, 81, 86, 88, 98, 99, 100, 101, 104, 105, 111, 118, 120, 124, 125, 127, 128, 131, 132, 134, 135, 138; **Terry and Doris Michaud, Carrousel, Chesaning, Michigan** 14, 19, 20, 21, 22, 23, 38, 29, 31, 32, 42, 44, 45, 46, 47, 52, 58, 62, 63, 73, 74, 75, 89, 96, 111, 119, 124, 125, 132, 136; Sue Pearson 44, 65, 72, 78, 101; Roy Pilkington, Oakley Fabrics, 8 May Street, Luton, Bedfordshire 17, 18, 19; **Ian Pout, Teddy Bears of Witney, 99 High Street, Witney, Oxfordshire** 17, 22, 23, 25, 33, 38, 43, 54, 57, 58, 65, 68-69, 70, 100, 108, 111, 112, 115, 120, 133, 134, 135, 136, 137; **Judy Sparrow, The Bear Museum, 38 Dragon Street, Petersfield** 48, 52, 58-59, 64, 71, 73, 74, 75, 76, 80, 81, 86, 89, 92, 93, 96, 98, 99, 100, 101, 105, 106, 106, 108, 110, 112, 115, 116, 118, 124, 125, 131; **Maureen Stanford, Childhood Memories, Farnham Antique Centre, Farnham, Surrey** 17, 18, 19, 97, 113, 139; **David and Ankie Wild, Museum of Childhood, Ribchester** 65, 69, 121, 131, 132, 133; Evelyn and Mort Wood 26, 28, 34, 45, 52, 53, 78, 79, 104, 112; Rosemary Volpp 10, 14, 24-25, 27, 32, 36, 38, 43, 45, 54, 61, 66, 73, 76.

Bildnachweis: Bear Brand 14; Cobra and Bellamy, 149 Sloane St, London 14; The Dean's Company 112; Peter and Frances Fagan, Colour Box Miniatures Ltd, East End Lauder, Berwickshire 88; Gebrüder Hermann GmbH & Co. KG 16; Gerry Grey 15; mit freundlicher Genehmigung des National Museum of the American Indian 10; The Royal Military Academy, Sandhurst 126; Smithsonian Institute, New York 12; Topham Picture Source 82; Roosevelt Centre 10; Steiff 13, 58; Rosemary Volpp 10, 76; Rose Wharnsby 11, 14, 52, 86, 130.